Bad Lauterberg

(Süd-Harz)

und seine Umgebung.

—◆—

Im Auftrage des Harz-Klubs
„Sektion Lauterberg"

herausgegeben von

Dr. F. H. Ahn; A. de la Chaux; W. Hoff, Rektor;
Dr. med. Ritscher.

Mit Spezialkarte und Situationsplan
von Bad Lauterberg und Umgebung.

————◦◦◦————

Unveränderter Nachdruck des Originals von 1892
mit Einverständnis des
Harzklub-Zweigvereins Bad Lauterberg
C. Kohlmann, Buchdruckerei und Zeitungsverlag
Bad Lauterberg im Harz, 1982.

4 - VII - 82

ISBN 3 – 922141 – 02 – 1

Vorwort.

Wenngleich die üblichen „Harzführer" des Bades Lauter=
berg allgemein in erster Linie mitgedenken, wenn von den
Bädern des Harzes die Rede ist, wenn auch bereits mit Hilfe der
„Harz=Klub=Sektion Lauterberg" wiederholt den bewährtesten
Reisebüchern über die hiesige Gegend die Unterlagen zu ihrer
Darstellung in Karte und Schrift mitgeteilt worden sind, so
fehlte es doch bisher an einer Spezialarbeit über dieses „gott=
gesegnete Fleckchen Erde." Die früheren Arbeiten, insbesondere
der Führer durch Lauterberg von dem früheren dortigen
Oberförster von Berg, sind vergriffen, veraltet oder so wenig
brauchbar bearbeitet und den zur Zeit, wie für die Dauer
geltenden Verhältnissen von Lauterberg so ungenügend folgend,
daß der Ruf nach einem eingehenderen, gut ausgestatteten
„Führer durch Lauterberg und seine Umgebung" immer lauter
wurde.

Auf Grund einer Anregung nun des Harz=Klubs, Sektion
Lauterberg, wurde dem Vorstande dieses „Vereins zur Hebung
des Bades" 1891 der Auftrag, für die Herausgabe eines
„Führers" Sorge zu tragen.

Mit vereinten Kräften ist nunmehr diese Arbeit in hoffent=
lich allseitig befriedigender Weise beendet, und in den nach=
folgenden Seiten den Besuchern von Lauterberg und des
Südharzes ein zuverlässiger Begleiter auf den fast zahllosen
Wegen der Kuranlagen, der waldigen Berge und frischen
Wiesen entstanden.

Es ist mir daher eine angenehme Pflicht, den im Titel
genannten Herren, welche in uneigennützigster Weise sich der
mühevollen Arbeit unterzogen haben, im Namen des vorge=
nannten Vereins hier zu danken. Auch dem Herrn Verleger,
welcher besonders durch die Beigabe der großen guten Karte
und des Stadtplanes Alles aufgeboten hat, um der Sache zu
nützen, gebührt alle Anerkennung.

Noch ein Wort zur Frage der Wegeführung ist notwendig:
Nicht „alle" Wege haben beschrieben werden können, nicht
„alle" stehen in der Karte, aber daß die besten, landschaftlich
mannigfaltigsten Wege nach allen Punkten der Umgebung

des Bades „geführt" worden sind, wolle der Käufer dieses
Buches glauben und bald wird er es selbst bestätigen. Alle
Wege können nicht, zumal sie zum größten Teile in fiskalischem
Walde liegen, wo Veränderungen von Jahr zu Jahr durch
Kulturen, Hauungen und andere Arbeiten eintreten, zur Be=
nutzung empfohlen werden. Nur die gangbarsten Wege sind
auch mit Wegweisern seitens des vorgenannten Vereines ver=
sehen worden und werden darin erhalten. Sollte auch die
Karte an Klarheit nicht einbüßen, so mußten ferner alle die=
jenigen Wege, Waldschneisen u. s. w., welche ungangbar sind,
touristisch auch keinen Wert haben oder gar von den Besitzern
selbst haben verboten werden müssen, fortbleiben. Hier galt
es ohne Zweifel, in der Beschränkung das Beste zu erstreben
und das Gastrecht, welches den Bestrebungen des Vereins
gegenüber in umfassender Weise in Wald und Feld geübt
wird, nicht zu mißbrauchen.

Die in die Karte eingetragenen Wege sind mit Vereins=
schildern (grüne Fichte, schwarze Schrift) durchgehend bezeichnet,
wobei die Schilder der Touristenwege 1. Ordnung mit den
roten Routenzeichen (unten links der Schilder) und den
Kilometer=Entfernungen (schwarze Zahlen in Klammern) ver=
sehen wurden. Die Routen selbst, ihre Teilung in Unter=
strecken, sowie Bezeichnung mit großen roten lateinischen
Buchstaben wolle man aus der Routenkarte des Harz=Klubs,
welche für 25 Pf. in allen Buchhandlungen zu haben ist, er=
sehen. Daß außer diesen Wegweisertafeln in unserem Gebiete
abgekürzte Worte, mit weißer Farbe zahlreich an Bäumen,
wie Felsen angeschrieben, zum Ziele führen, wird der auf=
merksame Tourist überall bestätigt finden.

So ist „mit vereinten Kräften" möglichst für unsere Gäste
gesorgt. Möchten sie die mancherlei Mühen für sie besonders
dadurch belohnen, daß sie bezüglich der Erhaltung und Schonung
der Wegweiser, Wege, Brücken, Bänke, Schutzhütten und
Türme des Vereins mit uns Hand in Hand gehen, sowie
die Vereinskasse durch Beitritt als Mitglieder (3 Mark Jahres=
beitrag) unterstützen. Dann kann immer Vollkommneres ge=
leistet werden.

Oberförsterei Kupferhütte, den 24. Juli 1892.

Oberförster von Alten,

1. Vorsitzender der Harz=Klub=Sektion Lauterberg.

Vorwort

Seit über zwanzig Jahren besuche ich Bad Lauterberg als treuer Kurgast. Ich fühle mich auf diesem „gottgesegneten Fleckchen Erde" wohl und mittlerweile heimsch, seine Kneipp-Kur genießend, seine herrliche Umgebung liebend und seine freundlichen Menschen schätzend.

Während dieser gesamten Zeit war ich leider vergebens auf der Suche nach einem preiswerten, erzählenden und dauerhaften Andenken an diesen schönen Ort, bis mir vor kurzem ein bis dahin unbekanntes Büchlein aus dem Jahre 1892 huldvoll als Erbstück in die Hände fiel. Ich studierte es sofort mit großem Interesse und fand darin dreierlei:

- eine exakte auch heute noch leicht nachvollziehbare Beschreibung des Ortes, seiner Geschichte, seiner Wasserkur und seiner durchwanderten Umgebung
- einen beschaulichen Gruß aus der „guten alten Zeit" nach Stil und Inhalt, geschrieben von zeitgenössischen Autoren, die fachkundiger nicht sein könnten
- das lange gesuchte Andenken schlechthin.

Ein solches Schätzlein, so empfand ich sogleich, müßte viele Menschen erfreuen können, die in Bad Lauterberg waren, sind oder zu kommen beabsichtigen. Ich gebe es daher als originalgetreuen Nachdruck heraus.

Möge es jedem, der es erwirbt, wie mir Spaß machen und zugleich beides, ein guter Wanderbegleiter und ein liebenswertes Andenken an Bad Lauterberg sein.

Hamburg, den 15. 4. 1982

Dr. Dietrich Müller

Inhalts-Verzeichnis.

Verzeichnis
der im Lauterberger Gebiet gebrauchten Abkürzungen der Wegweiser.

Abg	=	Ahrensberg.	**L**	=	Lauterberg.
Eh	=	Einhornhöhle	**Ot**	=	Oderthal.
Fl	=	Flösswehr.	**R**	=	Ruine Scharzfels.
Fk	=	Felsenkeller.	**Rh**	=	Ritschershöhe.
Hb	=	Hausberg.	**Rk**	=	Rögenersklippen.
Hl	=	Höllenthal.	**Rv**	=	Ravenskopf.
HP	=	Höchster Punkt.	**S**	=	Sieber.
Hm	=	Himmel.	**Schw**	=	Schweiz.
Kb	=	Kirchberg.	**Ss**	=	Sachsa.
Kh	=	Kupferhütte.	**Sth**	=	Stöberhai.
Kl	=	Knollen.	**Stn**	=	Steina.
Km	=	Kummelturm.	**Wb**	=	Wiesenbeekerteich.
Kr	=	Kupferrose.	**Wf**	=	Wasserfall.
Kst	=	Königstein.	**Z**	=	Zoll.

Der Leser möge Ungleichmäßigkeiten in der Orthographie der folgenden Blätter als durch den Wechsel des Druckorts und der Korrektoren entschuldigt betrachten.

Bad Lauterberg a. H., den 24. Juli 1892.

Die Verfasser.

I.

Geschichte Lauterbergs und seiner Kaltwasserheilanstalt.

Die Entstehungsgeschichte Lauterbergs ist mit derjenigen der Burg, welche einstmals den Hausberg, oder wie er früher hieß, den Lutterberg krönte, aufs engste verknüpft. Beide sind in undurchdringliches Dunkel gehüllt. Nur soviel läßt sich mit annähernder Gewißheit sagen, daß die Behauptung der frühesten Chronisten, es habe bereits zur Zeit der Karolinger ein Grafengeschlecht auf der Lutterburg gehaust, höchst unwahrscheinlich ist, und daß schwerlich vor Ende des zwölften Jahrhunderts überhaupt eine Burg auf dem Lutterberge gestanden hat. Denn während der Nachbarburg Scharzfels bereits zu Ende des elften und wiederum in der ersten Hälfte des zwölften Jahrhunderts urkundlich Erwähnung gethan wird, ist dies mit der Burg Lutterberg zum ersten Male im Jahre 1203 der Fall. Der gleichzeitig als der erste Graf von Lutterberg genannte Heidenricus, ein Sproß des Scharzfelder Grafengeschlechts, ist vermutlich auch der Erbauer der Burg. Er wurde der Stammvater eines mächtigen Geschlechtes, welches bis zum Ende des vierzehnten Jahrhunderts, besonders nach dem Erlöschen der Scharzfelder Linie, nicht nur die nähere Umgebung besaß, sondern seine Herrschaft bis in das thüringische und göttingische Land hinein ausdehnte.

Nach dem Aussterben der Lutterbergischen Grafen (1396) entbrannte zwischen verschiedenen Fürsten um das erledigte Lehen ein heftiger Streit, aus welchem endlich die Herzöge von Braunschweig-Grubenhagen

als Sieger hervorgingen. Dieselben gaben das im
Jahre 1417 zerstörte, darnach aber wieder aufgebaute
Schloß nebst dem Dorfe und allem Zubehör den Grafen
von Hohenstein zu Lehen, in deren Besitz es bis zum
Aussterben des Geschlechts im Jahre 1593 verblieb.
Indessen befand sich die Burg selbst bereits im Anfang
des sechzehnten Jahrhunderts nicht mehr in bewohn=
barem Zustande und ist nun bis auf wenige, nur dem
aufmerksamen Beobachter bemerkbare Ueberreste von
der Erde verschwunden.

Das Dorf Lutterberg, oder wie man seit dem
sechzehnten Jahrhundert zu schreiben begann, Lauterberg,
teilte die Schicksale, welche das Vaterland im All=
gemeinen, die nähere Umgebung im besonderen von
jener Zeit an betrafen. Die Reformation hielt ihren
Einzug, aber auch die Schrecknisse des Bauernkrieges
blieben dem Orte nicht erspart. Auch von den Leiden
des dreißigjährigen Krieges empfing der Ort sein
reichlich Teil. Unter andern wurde 1641 der Flecken
Lauterberg von einer umherstreifenden Horde Kriegs=
leute völlig ausgeplündert und bis auf drei Häuser
niedergebrannt. 1667 ging noch einmal fast der ganze
Ort in Flammen auf. Zwei Jahre zuvor war Lauter=
berg sowie das ganze Land Grubenhagen dem Kur=
fürstentum Hannover einverleibt worden, dessen Geschicke
in politischer Beziehung es seitdem geteilt hat.

Die wirtschaftliche Lage des Ortes war im acht=
zehnten Jahrhundert eine verhältnißmäßig günstige.
Die Metallschätze der umliegenden Berge wurden fleißig
ausgebeutet und gewährten den Bewohnern Lauterbergs
ein reichliches Auskommen. Anders gestalteten sich die
Verhältnisse im Anfange des neunzehnten Jahrhunderts.
Die Herrschaft des Königreichs Westfalen war keines=
wegs geeignet, den Ort zu heben, und nach ihrer Be=
endigung brach mit der Erschöpfung der Gruben ein
neues Verhängnis über den Ort herein. Zwar that
die Hannöversche Regierung ihr möglichstes, andere

Industriezweige zu beleben oder neu einzuführen, jedoch ohne den augenscheinlich unvermeidlichen Niedergang des Ortes wesentlich aufzuhalten.

Da erfuhr die wirtschaftliche Lage Lauterbergs durch den 1803 zu Gifhorn geborenen, seit 1826 am hiesigen Orte thätigen Arzt, den späteren Sanitätsrat Dr. Ernst Ritscher einen Umschwung. Derselbe beschloß, in dem durch seine günstige Lage und herrliche Umgebung so bevorzugten Orte die von Prießnitz begründete Wasserheilmethode zur Ausführung zu bringen und ihn somit zu einem Kurorte umzugestalten. Nachdem er 1839 das Prießnitzsche Verfahren in Gräfenberg selbst studiert hatte, ward noch im August desselben Jahres die neue Kaltwasserheilanstalt eröffnet. Die nötigen Vorbereitungen waren mit Hilfe des derzeitigen Bürgermeisters Friedrich Westerhausen sowie mehrerer anderer angesehener Bürger, unter denen besonders der Mühlenpächter Wilhelm Germelmann durch Eifer und Opferwilligkeit hervorragte, bald getroffen, da es sich einstweilen nur um Herstellung einiger Douchen und Wellenbäder handelte. Die ersteren wurden auf dem Hofe des damaligen Gemeindebrauhauses, die letzteren, fünf an der Zahl, an verschiedenen geeigneten Stellen längs der Oder angelegt. Schwieriger war die Beschaffung passender Wohnungen für die anlangenden Kurgäste, da die Bürgerschaft der neuen Einrichtung anfangs sehr mißtrauisch gegenüber stand und erst allmählich den aus derselben erwachsenden Vorteil einsehen lernte.

Der Ruf Lauterbergs als Kurort stieg sehr rasch. Bereits im zweiten Jahre seines Bestehens betrug die Zahl der Gäste 120 und seitdem hob sich der Besuch des Bades stetig. Im Jahre 1840 ward auch die jetzt allgemein von den Kurgästen gebrauchte Trinkquelle zuerst für diesen Zweck in Benutzung genommen. Durch später erfolgte Schenkungen im Gesammtbetrage von etwa 500 Mark ward es ermöglicht, die Quelle mit

Quadern und Steinplatten zu fassen und mit einem kleinen Pavillon zu überbauen. Auch ward der anstoßende Bleichplatz durch Bepflanzung mit Bäumen in eine Promenade umgewandelt.

Die Speisung der Kurgäste geschah in den ersten Jahren an gemeinschaftlichen Tafeln, welche anfangs in verschiedenen Häusern des Ortes gedeckt wurden. Doch schon 1841 ward mit dem Bau eines eigenen Restaurationshauses begonnen, welches im folgenden Jahre fertig gestellt wurde und den Grundstock des jetzigen Hôtels „Kurhaus" gebildet hat.

Die nächste Umgebung des Ortes ward von dem Bürgermeister F r i e d r i c h W e s t e r h a u s e n und seinem Bruder und Nachfolger L u d w i g W e s t e r h a u s e n durch Anlage der von der Schanze bis zur früher Schuchardt'schen Schleifmühle teilweis dicht an der Oder hinaufführenden Promenade verschönert. Der Mühlenpächter G e r m e l m a n n legte bald darauf den oberhalb der jetzigen Haltestelle der Bahn befindlichen Teil des Kurparks an. Der untere Teil, welcher sich von der Haltestelle Kurpark bis zum jetzigen Badehause erstreckt, ward in den Jahren 1873—1876 vom Bürgermeister S t u c k e angelegt und erfährt noch fortgesetzt Verschönerungen durch Neuanpflanzungen von Bäumen und Ziersträuchern.

In den Bergen ließ sich zur Zeit der Begründung des Bades der damalige Oberförster v o n B e r g die Ausgestaltung vieler der vorhandenen Forstwege zu schönen Promenaden sowie die Anlage von neuen Wegen angelegen sein, und seine Nachfolger eiferten und eifern noch jetzt seinem Beispiele rühmlich nach, so daß wohl wenige andere Harzorte sich eines so weit verzweigten Netzes schöner und bequemer Spazierwege rühmen dürfen wie Lauterberg.

In das Ende der fünfziger Jahre fällt das Engagement einer aus acht böhmischen Musikern bestehenden Kurkapelle. In den früheren Jahren hatten nur gelegentlich musikalische Unterhaltungen auswärtiger Kapellen stattgefunden. Die neue böhmische Kapelle konzertierte anfangs unter freiem Himmel, später an einem in der Nähe der Kurquelle gelegenen, eingehegten und mit einem Schutzdache versehenen Platze, an dessen Stelle sich heute der hübsche, aus Guß= und Schmiede= eisen hergestellte Musikpavillon erhebt.

Das für Hannover so verhängnisvolle Jahr 1866 sah das jetzige Badehaus erstehen, da sich die alten Badeeinrichtungen am Brauhause schon lange nicht mehr als zureichend erwiesen. Das Unternehmen ward zunächst auf Aktien gegründet und trotz der durch den Ausbruch des Krieges unter den Kurgästen verursachten Panik glücklich zu Ende geführt. Die Anstalt ward bis zum Jahre 1873 durch das Badecomité verwaltet, dann aber von der Ortsbehörde übernommen und noch um vier Wannenbäder und ebensoviele Douchen vermehrt.

Der bereits erwähnte Bürgermeister Stucke er= warb sich um den Ort selbst durch die Anlage der Straßenpflasterung und Einführung der Straßen= beleuchtung noch ein besonderes Verdienst. Vordem hatte Lauterberg entschieden noch den Charakter eines Dorfes getragen.

Unter Stucke's Nachfolger Schnackenberg wurden die Vorarbeiten zur Herstellung der Bahn= linie Scharzfeld = St. Andreasberg begonnen. 1884 war die Bahn betriebsfertig und ist somit Lauterberg in das große Verkehrsadersystem der Neuzeit auf= genommen.

Einem vielfach ausgesprochenen Wunsche ist unter der Oberleitung des jetzigen Bürgermeisters Gehrich die Ortsverwaltung durch die Anlage eines geräumigen Schwimmbassins nachgekommen. Dasselbe liegt un= mittelbar neben der Badeanstalt und wird von Fremden und Einheimischen fleißig benutzt. Die letzten Jahre brachten unserem Orte überdies eine Wasserleitung und Belegung der Bürgersteige mit Asphalt.

Einige Anstalten privaten Charakters, welche im Laufe des letzten Jahrzehnts errichtet worden sind, haben wesentlich zur Hebung des Bades beigetragen. An erster Stelle verdient das von Frau Justine Lüders 1884 eröffnete Krankenhaus „Klarastift" Erwähnung. Es bietet dem Kurgast für den Fall einer akuten Krankheit freundliche Aufnahme und sachkundige Pflege durch eine Krankenschwester. Kurgäste, welche den Aufenthalt in einer geschlossenen Heilanstalt der Privatwohnung vorziehen, finden seit dem Jahre 1890 in dem neuerrichteten Gebäude des Badearztes Dr. Hermann Ritscher Aufnahme. Endlich bietet die mit Pensionat verbundene Realschule des Realgymnasialoberlehrers a. D. Dr. F. H. Ahn Gelegenheit, Knaben für längere oder kürzere Zeit am Schulunterrichte sowie an den gymnastischen Uebungen teilnehmen zu lassen.

Von den einstigen Begründern der neuen Aera Lauterbergs sollte nur der Mühlenpächter Germelmann Augenzeuge von dem Aufschwunge seines Ortes sein. Er starb hochbetagt im Jahre 1881. Friedrich Westerhausen war bereits 1850 dahingeschieden, und der Sanitätsrath Ernst Ritscher erlag 1859 noch im besten Mannesalter dem Magenkrebs. 1862 ward ihm von seinen vielen Freunden und Verehrern am Abhange des Scholben ein Denkmal errichtet. Die Leitung der Kaltwasserheilanstalt übernahm nach seinem Hinscheiden sein ältester Sohn, Dr. Dietrich Ritscher, und nach dessen ebenfalls frühzeitig erfolgtem Tode (1881) der jüngste Sohn des Begründers, Dr. Hermann Ritscher. Der bedeutende Aufschwung des Ortes machte überdies in den letzten Jahren die Niederlassung eines zweiten Arztes wünschenswerth und ward 1886 in der Person des Dr. Carl Wander ein solcher gefunden.

Unter den vielen Gästen, welche alljährlich unsren Ort aufsuchen, gedenken wir mit Stolz des Besuches unfrer hohen Landesfürstin, Ihrer Majestät der Kaiserin Viktoria Augusta, der edlen Gemahlin Kaiser Wilhelms II., welche als jugendliche Prinzessin im Jahre 1876 mit ihren hohen Eltern hier verweilte. Auch bleibe nicht unerwähnt, daß unser berühmter Landsmann Reichskommissar Major von Wißmann nach seinen Reisen bei seiner hier wohnenden Mutter stets Aufenthalt nimmt, um Erholung und Stärkung zu suchen und neue Kräfte zu sammeln.

Im August des Jahres 1889 feierte unser Ort das fünfzigjährige Bestehen seiner Kaltwasserheilanstalt. Es wurde bei dieser Gelegenheit eine Festschrift herausgegeben, welche die Geschichte Lauterbergs und seines Bades ausführlicher behandelt, als es hier hat geschehen können.

Dr. **F. H. Ahn.**

II.

Die Heilwirkungen
des Bades Lauterberg.

Der verstorbene Begründer unseres Kurortes, der Sanitätsrat Dr. Ernst Heinrich Benjamin Ritscher, hatte in steter Würdigung des Grundsatzes „medicus curat, sanat natura" das, was er durch eigene Anschauung des Prießnitz'schen Verfahrens in Gräfenberg als zu viel des Kurirens und eine Vergewaltigung der menschlichen Natur bei der Wasserkur erkannt hatte, aus seinem hydrotherapeutischen Verfahren gestrichen. Er sagt in einer seiner Schriften selbst: In einer Naturheilanstalt — so sollte man jede richtig begriffene und geleitete Wasserheilanstalt nennen, weil sie nur durch dieselben elementaren Faktoren heilt, wodurch die Natur das Leben erhält — sollen alle Organe des Körpers nur naturgemäß gehalten und beeinflußt werden, und so wurde die Wasserkur — die innere und äußere Anwendung des kalten Wassers — hier unter seiner Leitung gehandhabt. — War ihm bei der Verordnung des Wassertrinkens Hauptgesetz, nie „über Durst und wider Willen" trinken zu lassen, so suchte er bei der Anwendung der äußeren Kurmanipulationen durch Beschränkung der anderwärts oft übertriebenen Dauer einzelner derselben Ueberreizungen der Haut und des Nervensystems zu vermeiden. So wurden z. B. die von Prießnitz oft auf viele Stunden ausgedehnten Einwickelungen in das nasse Laken oder die Wolldecke hier nur in abgekürzter Dauer vorgenommen.

Die allgemeine äußere Anwendung des kalten Wassers geschah als Einwickelung in nasse Laken, kalte Abreibung mit dem triefenden oder ausgerungenen

Laken, als Uebergießung, Halbbad, Vollbad, Wellenbad, als Douche, worunter sich horizontal und senkrecht herausströmende Strahl= und Regenbäder verstehen. — Die Einrichtung der hiesigen Douchen war und ist noch heute die, daß sich in jeder Zelle ein senkrecht herabfallendes und ein horizontal mit großem Druck hervorströmendes Regenbad, eine senkrecht herabfallende handgelenkstarke, sehr kräftige Strahldouche und eine solche gut daumenstarke, aus dem Boden des Zimmers unter einem Winkel von 45° emporsteigende befinden. Die Ventile dieser Apparate sind von der Zelle aus zu öffnen. Das Wasser, mit welchem gedoucht wird, ist kalt und schwankt in seiner Temperatur von 8—10° R.

Zu Anfang des Badelebens in Lauterberg existirte außerdem noch im krummen Lutterthale, unweit der alten Grube, eine sogenannte Riesendouche. So lieblich der Weg dahin inmitten der waldumsäumten Wiesenhänge, so abschreckend das Ziel des heilsuchenden Kurgastes; denn aus einer Höhe von etwa 30 Fuß stürzte ein Wasserschwall auf Kopf und Rücken des Badenden, ihn unter seiner Macht fast zur Erde reißend. — In wie weit der Gründer dieses Bades von dem erwähnten Apparate bei der Wasserkur Anwendung gemacht hat, ist dem Schreiber dieses nicht bekannt; es läßt sich aber annehmen, daß diese Riesendouche wohl mehr aus Kuriosität gelegentlich ein Mal, oder von wenigen abhärtungssüchtigen Hydromanen gebraucht wurde, als daß der äußerst wissenschaftliche und vorsichtige derzeitige Leiter der Wasserheilanstalt dieselbe zu Kurzwecken in größerem Maße verwandt hat.

Die lokale Anwendung des kalten Wassers umfaßt das Sitzbad, die Rückenwaschung, das Hand= und Armbad, das Fußbad mit oder ohne vorherige Einwickelung der Füße in ein nahes Tuch, die Prießnitz'schen Umschläge um Hals und Leib. — Alle diese verschiedenen allgemeinen und örtlichen Anwendungsarten des kalten Wassers, wozu noch die Schwitzkuren in der (trockenen) Wolldecke oder dem Schwitzstuhl treten, werden zur Erreichung bestimmter Kurzwecke zu einzelnen Gruppen vereinigt, zu gewissen empirisch festgestellten Methoden, z. B. zu einer sedativen Methode (nasse Einwickelung, Abreibung, Halbbäder, hierzu Brausen), zu einer ableitenden (Sitzbäder, Hand- und Fußbäder, Halbbäder) 2c. 2c., und so wurde auch hier die Hydrotherapie nach ihren erfahrungsgemäß festgestellten Thatsachen zunächst von dem Gründer der Anstalt, dann von seinen beiden Söhnen, dem leider zu früh verstorbenen Sanitätsrath Dr. Dietrich Ritscher und dem noch jetzt hier als Arzt und Badearzt ansässigen Dr. H. Ritscher getrieben.

Im Laufe der Zeit trat unser früher allein als Kaltwasser-Heilanstalt viel besuchter Kurort aus dem Rahmen einer solchen heraus und bildete sich durch Vermehrung seines balneologischen Heil-Apparates und anderer Kurmittel zu einem Bade- und Luftkurorte im weiteren Sinne um, so daß nicht nur Kaltwasserkur, sondern auch die verschiedensten medizinischen Bäder, Elektrotherapie, Massage 2c. hierselbst gegen die einschlägigen Leiden Anwendung finden. — Ganz besonders erwähnenswerth ist aber, daß Lauterberg sich als Luft- und Terrain-Kurort sehr empfiehlt. Wenn wir hier auch nicht die Gymnastik des Herzens und der Lungen nach den genau abgesenkten Grenzen einviertelstündiger Stationen, wie sie das Oertel'sche Kurverfahren vorschreibt und in Bozen, Mais und Meran zuerst errichtete, ausführen, so bieten uns doch sonnige und waldschattige, steile und weniger steile Wege in den schönen Bergen eine mannigfaltige Variation für diese brillanten Uebungen der muskulären Herz- und Athemthätigkeit, und ist es dem ortskundigen Arzte leicht, dem Kranken die jeweiligen, seinem Kräftezustande entsprechenden Aufgaben zur Förderung der Athemgröße und Herzthätigkeit zu stellen. Denn es steht demselben als Marke der

zurückgelegten Wegstrecken für jede Viertelstunde etwas
Besseres zu Diensten als ein rother Strich an einem
Stein oder einer Felswand — nämlich irgend ein
entzückender Aussichtspunkt für die Ferne, oder der
Blick auf ein nahes idyllisches Wiesenthal, oder auf eine
selbst das Künstlerauge fesselnde Baumgruppe. Jeder
Gast Lauterbergs, welcher andere renommirte Terrain=
kurorte besuchte, wird bei seinen ersten Touren in die
Berge die Ueberzeugung gewinnen müssen, daß es trotz
der fehlenden rothen Strecken=Embleme und der Stations=
hütten unter denselben in erster Linie genannt zu
werden verdient, und so jemand an den Athem=Organen
leidet, wird er mit den ersten Tagen seines Hierseins
in der großen Erleichterung seiner Beschwerden selbst
wahrnehmen, daß er an einem Luftkurorte erster
Qualität weilt.

Wer könnte auch Lauterbergs gute Eigenschaften
in dieser Beziehung anzweifeln, wenn er je durch die
wunderschönen Buchenbestände, welche die Höhen be=
walden, gewandert ist? Von der breiten Sohle des
lieblichen Thales aus winden sich in allmähliger
Steigung nach allen Richtungen bequeme Fußwege auf
die Bergkämme und laufen meilenweit immer im
herrlichsten Buchenwalde fort, so daß sich hier unter
dem Einflusse der leichten, reinen Berg= und ozonreichen
Waldluft die von der Wucht der Berufslasten an
Katheder und Schreibtisch zusammengepreßte Brust
erweitert und sich verjüngt neuem Leben zuwenden kann.
— Auch bietet die Beschaffenheit des Thales selbst
Gewähr dafür, daß das, was auf den Höhen an Ge=
sundheit gewonnen, nicht unten wieder beeinträchtigt
wird. Denn das sich in den Südharzrand fast bis
zum Fuße des Brockens hinaufziehende Oderthal er=
weitert sich bei Lauterberg zu einem freien Kessel, der
rings von beträchtlichen Höhen umgeben ist und nur
nach Südwesten zu von den niederen Ausläufern des
Harzes begrenzt wird. Werden dadurch rauhe nördliche

und östliche resp. nordöstliche und nordwestliche Winde ab=
gehalten, so steht nur den weicheren und wärmeren süd=
lichen und südwestlichen Luftströmungen eine, wenn auch
nicht unbeschränkte Passage in den Thalkessel frei, und zu=
dem bedingt der Charakter des Längsthals eine regelmäßige
Luftströmung, welche tagsüber, während der Insolation
der Berge, nach den Höhen zu, nach Sinken der Sonne
aber in lebhafter Bewegung thalabwärts bläst. Dieser
sogenannte Thalwind, sehr fühlbar und oft unange=
nehm frisch thalaufwärts von Lauterberg, betritt die
erweiterte Thalmulde, in welcher der Ort liegt, nur
mit leichten Schwingen fächelnd, gleichsam ein Schutz=
engel, welcher, die Stirn des Abends heimkehrenden
Badegastes sanft und erfrischend berührend, von dem
Lager desselben die Dämonen giftiger Miasmen scheucht.
— Er verhütet durch sein Wehen die Stagnation der
Luft in unserem Thale, die Anhäufung von Bakterien=
Wolken in derselben, wie sie das Jahrhunderte lange
Zusammenleben von Mensch und Vieh an einem Orte,
und die nothwendig damit verknüpfte Verunreinigung
des Untergrundes bedingt.

  Frei gelegene Wohnungen in genügender Zahl
mit hier und da übergroßem Kubikinhalte der einzelnen
Wohngelasse, gutes Trinkwasser, neuerdings dem Orte
durch eine Leitung aus den Bergen zugeführt, eine
sorgfältige Straßenpflasterung, welche in den Haupt=
straßen eine ergiebige Spülung der Straßenrinnen
zuläßt; gute Milch, in den meisten Häusern frisch von
der Kuh zu haben, gute Verpflegung in den Hôtels
und Pensionen kommen hinzu, um Lauterberg seine
Stellung in der Reihe der Luftkurorte auf immer zu
sichern.

  So haben wir denn in Lauterberg einen Kalt=
wasserkur=, Bade=, Luft= und Terrainkurort vor uns,
in welchem hauptsächlich folgende Krankheitszustände
Behandlung und Heilung resp. Besserung und Er=
leichterung finden.

Zunächst Konstitutions-Erkrankungen und Er-
krankungen des Blutes, wie Skrofulose und Tuberkulose,
soweit sie nicht zu sehr vorgeschritten sind. Besonders
sind es skrofulöse resp. tuberkulöse Drüsenleiden, Neigung
der Nasen-, Rachen- und Bronchial-Schleimhaut zu
Katarrhen auf tuberkulöser Basis, welche in Lauterbergs
guter Luft unter dazu tretender geeigneter Behandlung
oft entschiedene Besserung finden.

Unter den Krankheiten der Respirationsorgane
sind anzuführen: chronische Katarrhe der Luftröhren,
Bronchial- und nervöses Asthma — unter den Krankheiten
der Circulationsorgane: chronische Herzklappenfehler,
soweit sich dabei durch Versetzung des Individuums
unter die günstigsten äußeren Bedingungen und allgemeine Kräftigung ein heilsamer Einfluß auf die Herz-
kraft und damit Ueberwindung der Strömungshindernisse
erreichen läßt — und functionelle Schwäche des Herzens.

Von den Krankheiten der Digestionsorgane sei hervorgehoben die Plethora abdominalis, Blutstauung im
Pfortadersystem mit den mannigfachen sekundären
Stauungserscheinungen und nervösen Beschwerden;
Hämorrhoidalleiden, Trägheit des Dickdarmes, chronische
Magen- und Darmkatarrhe mit und ohne Geschwürs-
bildung. Neigung der Haut zu Erkältungen und badurch
bedingte Disposition zu Katarrhen aller Schleimhäute,
chronische Muskel- und Gelenkrheumatismen sind gleichfalls häufig Gegenstand einer erfolgreichen Behandlung
in hiesigem Badeorte.

Das Hauptkontingent der Patienten aber, welche
in Lauterberg Hülfe suchen, stellt die große Klasse der
Nervenleiden. Bei diesen hat unser Ort in der That
die besten Erfolge aufzuweisen. Es sei vorausgeschickt,
daß hiervon gänzlich auszunehmen sind die Geistes-
krankheiten und im Allgemeinen auch die Epilepsie.
Von den Neurosen mit unbestimmter anatomischer
Grundlage sind anzuführen Hysterie und Hypochondrie,
Neurasthenie mit allgemeinen Erscheinungen und solchen

in der Hirn= und Rückenmarkssphäre (Neurasthenia cerebralis und spinalis), der Veitstanz. Es würde zu weit führen, alle die verschiedenen Formen von Neuralgieen und der partiellen Krämpfe einzelner Muskelgruppen namentlich aufzuführen, ebenso auch die mannigfaltigen Arten von Rückenmarks= und Gehirnleiden, dieser Geißeln der Menschheit, welche hier alljährlich zu ärztlicher Beobachtung und Behandlung kommen. Nur so viel sei gesagt, daß schon häufig ein glänzendes Kurresultat in verzweifelten Fällen hier dem Kranken das Lebensglück wiederschenkte, auf dessen Rückkehr er nicht mehr zu hoffen wagte.

Dr. med. **H. Ritscher.**

III.

Lauterberg.

Sei mir am Eingang begrüßt, wo das Thal
der Hoffnung sich öffnet,
Wo der sprudelnde Quell zwei Elemente
vermählt.
Sanft verkünde dem Pilger der irdischen
Hülle Genesung,
Wie du schöne Natur ewiges Leben verheißt.

Lauterberg, das „Bergstädtlein" des Südharzes
der älteren Zeit (Provinz Hannover Regierungs-
bezirk Hildesheim, Kreis Osterode, Amtsgericht
Herzberg), liegt etwa 300 m über dem Spiegel der
Nordsee am Eingange des tief in den Südwestrand
des Harzes einschneidenden Oderthales, welches sich
unterhalb des Ortes erheblich erweitert und von da ab
den Charakter der Harzthäler verliert. Wie es die
mannigfaltige Gliederung des Nordharzes ist, welche
alljährlich zahlreiche Besucher in das Bodethal, nach
Wernigerode, Ilsenburg, Harzburg und Goslar zieht,
so verdankt auch Lauterberg der Zerrissenheit des Gebirges seiner unmittelbaren Umgebung die Mannig-
faltigkeit seiner Natur und Spaziergänge, welcher Umstand bewirkt, daß die Zahl der den Südharz besuchenden
Fremden, welche Lauterberg zum Eingangspunkt in
diesen Theil des Gebirges erwählen, von Jahr zu Jahr
bedeutend zunimmt. Gerade hier reiht sich Berg an Berg
und Thalzug an Thalzug in so abwechselungsreicher
und schön geschwungener Form, daß Fremde, welche
mit der Ortsgeschichte nicht vertraut sind, Lauterberg
bezeichnen als das Städtchen zwischen lauter Bergen.

Doch hier mag gleich bemerkt werden, daß der Ort seinen Namen von der hier in die Oder mündenden Lutter hat, ursprünglich also Lutterberg genannt wurde.

Unvergleichlich schön und herrlich ist die Lage Lauterbergs; frei liegt es da, lang ausgestreckt in dem von Südwesten nach Nordosten streichenden Oderthale, dem „Thale der Hoffnung", gleichzeitig aber auch hinreichend geschützt durch über 500 m hohe nach Norden, Osten und Südosten zu vorgelagerte Bergzüge, welche rauhe und schädliche Winde abhalten. Nur nach Südwest öffnet sich das Thal und gewährt freien Blick in das hügelige Vorland und läßt milde Luft und Sonnenschein hereindringen. Dieser Umstand ist es denn auch, der vor allen andern dazu beiträgt, daß Lauterberg als Bad unter den Ortschaften des Harzes als am meisten begünstigt dasteht. In zweiter Linie ist es die prachtvolle, in jeder Beziehung abwechslungsreiche Umgebung, die dem Bade Lauterberg einen ganz besonderen Reiz verleiht. Ueberall erheben sich mit Laubholz und Fichtenhochwald bestandene Berggruppen, öffnen sich enge und weite Thalzüge, in denen die herrlichsten und lieblichsten Spaziergänge zu finden sind, die den Wanderer zu höher gelegenen schönen Aussichtspunkten führen. Ja, Monate lang kann der Fremde hier verweilen, und er wird stets neue Schönheiten der Natur und reizvolle Punkte der Umgebung entdecken.

Trotz dieser seiner besonderen Vorzüge, welche unstreitig Lauterbergs Ruf als starkbesuchten Badeort mit begründen, ist derselbe bis jetzt nicht aus dem Rahmen seiner frischen Natürlichkeit und wohlthuenden Einfachheit herausgetreten. Lauterberg ist kein Luxusbad, will es auch nicht werden.

Das Städtchen, dessen 503 Häuser meist im Thal entlang in einer Ausdehnung von über ½ Stunde an einander gereiht sind, wird von etwa 4400 Menschen bewohnt, welche ihren Erwerb in den hiesigen Möbelfabriken, Maschinenfabriken, in der Eisengießerei Königshütte, auf den Schwerspathgruben, im Walde und beim Gewerbe finden; der Ackerbau ist bei dem Mangel an Land unbedeutend. In früheren Jahren nährte auch der Betrieb der Eisensteingruben viele Bewohner, andere fanden in einer Anzahl Nagelschmieden, Färbereien u. s. w. Beschäftigung, indessen sind jetzt diese Zweige der Berufsthätigkeit fast vollständig verschwunden.

Seit der Begründung unserer Wasserheilanstalt im Jahre 1839 ist einem großen Theile der Einwohnerschaft eine andere nicht unwesentliche Einnahmequelle durch Vermiethen ihrer Wohnungen an Kurgäste erschlossen. Denn war das Bad auch zunächst den damaligen Verhältnissen entsprechend einfach und beschränkt eingerichtet, so vermehrte sich infolge der sehr bald erzielten glücklichen Resultate die Zahl der Kurgäste so bedeutend, daß Wohnungen im Ort für dieselben in Anspruch genommen werden mußten. So stehen jetzt etwa 400 Privatwohnungen zur Aufnahme von Fremden, welche die Sommerfrische hier genießen wollen, zur Disposition, theilweise im Orte, theilweise in den Promenaden belegen. Die Vermiether sorgen gewöhnlich für die kleineren Bedürfnisse ihrer Gäste gegen geringe Vergütung, doch findet in dieser Beziehung durchaus kein Zwang statt; jeder Miether kann nach Belieben table d'hôte speisen, sich das Essen holen lassen, selbst kochen u. s. w. Bedienung ist stets im Hause zu haben.

Ebenfalls sind die Vermiether in ihren Häusern mit allen nöthigen Apparaten zu einer Wasserkur (Abreibungen, trockene und nasse Einpackungen, Sitzbäder u. s. w.) versehen; ferner steht den Kurgästen in ihren Wohnungen ein gut geschultes Badewärterpersonal zur Verfügung.

Das mitten in den Kuranlagen gelegene Badehaus bietet alle Einrichtungen, welche der jetzige Stand der Heilkunde für eine Wasserheilanstalt erfordert: Douchen, berühmt durch Kraft und Kälte, (Brunnenwasser), warme und kalte Wannenbäder mit Douche, Voll-

bäder, Fichtennadel= und medicinische Bäder, großes
Freischwimm=Bassin mit beständigem starken Zu= und
Abfluß, 900 □m groß und 1—2,1 m Tiefe u. s. w.
Außerdem befinden sich im oberen Teil des Ortes im
Oderflusse mehrere kräftige Wellenbäder. (Badetarif
s. Anhang.) Für solche Kranke, welche specieller ärzt=
licher Aufsicht, besonderer Diät u. s. w. bedürfen, hat
Dr. Ritscher, Sohn des Begründers der Wasserheil=
anstalt, im Jahre 1890 eine eigene geschlossene Wasser=
heilanstalt errichtet, welche mit allem Komfort der
Neuzeit und allen Einrichtungen für entsprechende
Krankenbehandlung ausgestattet ist. Außerdem besitzt
Bad Lauterberg ein Krankenhaus („Klarastift"), welches
den etwa von einer akuten Krankheit befallenen Kur=
gästen vortreffliche Pflege durch eine Schwester aus
einem Mutterhause bietet. Das Klarastift, welches
sein Entstehen der rastlosen Thätigkeit und den un=
ermüdlichen dankenswerthen Bestrebungen der hier noch
lebenden Frau Senator Lüders verdankt und zum
großen Theil durch den opferfreudigen Sinn unserer
Kurgäste, sowie der hiesigen Einwohnerschaft erhalten
wird, liegt unterhalb des Ortes jenseit des Oderflusses
in der Nähe des Einganges zum Wiesenbeek.

Als Badeärzte fungiren zur Zeit Dr. med. H.
Ritscher, dem ein Assistenzarzt zur Seite steht (Sprech=
stunden: Vormittags 7—8 Uhr u. Mittags 11—1 Uhr)
und Dr. med. C. Wander (Sprechstunden 11—1 Uhr
Mittags.)

Die Badeverwaltung liegt in der Hand des
Magistrats; Badekommissair ist der zeitige Bürgermeister.

Der Verein zur Hebung des Bades (Harzklub=
Sektion Lauterberg), welcher seit einer Reihe von Jahren
bestrebt ist, die herrliche Umgebung Lauterbergs den
Fremden immer mehr zu erschließen, hat an verschiedenen
Stellen im Orte Auskunftsstellen eingerichtet. Außer=
dem befindet sich an der Kurquelle ein Fragekasten,
durch welchen etwaige Wünsche und Beschwerden der

Fremden schriftlich zur Kenntniß des Vereins gebracht werden können.

Die einzige Apotheke am Platze (Besitzer A. Germelmann) befindet sich in der Mittleren Hauptstraße unweit der Kirche.

Lauterberg ist Station der Bahn Scharzfeld-St. Andreasberg, eine Zweigbahn der Strecke Northeim-Nordhausen. Es verkehren während des Sommers täglich 12 Züge (Fahrplan s. Anhang); zur Bequemlichkeit der Kurgäste ist inmitten der Anlagen die Haltestelle „Kurpark" eingerichtet. Der Hauptbahnhof „Lauterberg" liegt am unteren Ende des Ortes. Hôtelwagen und Führer sind dort stets zur Stelle. Die vorhandenen Hôtels und Restaurants sind aufs Beste eingerichtet und daher wohl im Stande allen Anforderungen gerecht zu werden. Zu nennen sind: Hôtel Langrehr in den Anlagen mit großer Veranda; Hôtel „Deutscher Kaiser" an der Promenade, gegenüber der Quelle; Hôtel „Kurhaus" mit Garten und Veranda in der Nähe der Kuranlagen; Hôtel „Kurpark" (Wenzel) an der Promenade; Hôtel „Zur Krone" gegenüber der Kirche; Hôtel „Rathskeller" in der Unteren Hauptstraße in der Nähe der Kirche; Hôtel „Schützenhaus" mit Weinstube am Lutherplatz; Hôtel „Felsenkeller" am Fuße des Scholben; Hôtel „Waldhaus zum Eichenkopf" in unmittelbarer Nähe des Bahnhofs Lauterberg; Hôtel „Wiesenbeekerteich", 25 Minuten von Lauterberg entfernt. In diesen Hôtels, von denen mehrere auch größere Logierhäuser besitzen, wird table d'hôte gespeist und auch volle Pension gegeben; dasselbe geschieht ebenfalls im Pensionshause Mummenthey an der Promenade.

Auch sind gute Restaurationen, in denen dem leiblichen Bedürfnisse der Gäste in jeder Beziehung Rechnung getragen wird, in genügender Anzahl vorhanden: „Zur Börse" mit schöner Veranda an der Promenade, Brauerei Geyer, Café Hildebrand am Scholben, Bahnhof Lauterberg, Bahnhof Kurpark, Wiesenschlößchen am

Eingang zum Wiesenbeek, Burg Hausberg mit Aus=
sichtsthurm, „Zur Schweiz" mit schöner Veranda bei
Bahnhof Oderthal. In den Forsthäusern Kupferhütte
und Flößwehr werden den Fremden auf Wunsch Er=
quickungen jeglicher Art gereicht.

Den hier ankommenden Gästen wird nun dringend
gerathen, sich betreffs Aufsuchung von Wohnungen an
die hiesige Badeverwaltung (Magistrat) zu wenden und
Dienstanerbietungen Unbefugter zu diesem Zwecke zurück=
zuweisen. Die Badeverwaltung sendet zuverlässige
Fremdenführer, welche ein diesbezügliches Schild an
der Mütze tragen, zu jedem hier ankommenden Zuge,
beordert einen solchen auf Wunsch und vorherige An=
zeige der Ankunft auch zur speziellen Empfangnahme
und Führung wohnungsuchender Kurgäste nach dem
Bahnhofe oder nach einem Hôtel hier.

Für musikalische Unterhaltung ist durch die Bade=
kapelle gesorgt, welche täglich Morgens und Nachmittags
in den Anlagen Vorträge hält; auch wird die Kapelle
benutzt, um an einzelnen Abenden in der Woche Konzerte
zu geben und bei Tanzvergnügungen zu spielen.

In den Wartesälen des Badehauses liegen die ge=
lesensten Zeitungen, illustrierte Blätter u. s. w. zum
Gebrauch für das Publikum aus.

Die Buch= und Musikalienhandlung von Karl
Mittag ist mit einer guten und umfangreichen Leih=
Bibliothek (12 000 Bände in deutscher, englischer und
französischer Sprache) verbunden, und findet man gleich=
zeitig dort die größte Auswahl aller Original=Auf=
nahmen der besuchtesten Punkte des Harzes in vorzüg=
lichster Ausführung in Quart= und Cabinet=Format;
Bestellungen nach auswärts werden jederzeit schnell
ausgeführt.

Außer der sechsklassigen Volksschule besitzt unser
Ort auch eine höhere Schule, die Realschule (Höhere
Bürgerschule) des Realgymnasial=Oberlehrers a. D. Dr.
F. H. Ahn. Den Bemühungen des Dirigenten und auch

der Opferwilligkeit der Gemeinde ist es zu danken, daß (Juni 1892) die Aufnahme der Lauterberger Real=schule in die Zahl derjenigen Anstalten nahe bevorsteht, die befugt sind, Abgangszeugnisse mit der Berechtigung zum einjährig-freiwilligen Heeresdienst auszustellen.

Haben wir uns bemüht, dem freundlichen Leser im Vorstehenden ein möglichst anschauliches Bild von den Verhältnissen des Ortes und Bades Lauterberg zu entwerfen, so glauben wir zu der Annahme berechtigt zu sein, daß sich immer mehr von Denen, die unser Bad aus eigener Anschauung noch nicht kennen, zu uns hingezogen fühlen werden. Und in der That wächst denn auch die Zahl der hier alljährlich sich aufhaltenden Fremden stetig, wie dies aus der am Anhang ange=führten Frequenz des Bades seit seinem Bestehen zur Genüge hervorgeht. Viele der unser Bad besuchenden Fremden kommen nicht zum ersten Mal hierher; viel=mehr kehren sie, wenn möglich, alle Jahre wieder, was jedenfalls mehr wie alles andere den guten Ruf Lauterbergs als Bad kennzeichnet. Jeder, der das Bedürfniß fühlt, dem Getriebe der Großstadt für einige Zeit zu entweichen oder der genöthigt ist, nach an=strengender und aufreibender Arbeit sich Ruhe und Erholung zu verschaffen, findet hier ein Plätzchen, welches ihm Befriedigung seiner Wünsche und Bedürfnisse sichert. Mag er sich gleichzeitig hier anwesenden Gästen anschließen, wozu immer Gelegenheit vorhanden ist, um in unge=zwungener Gesellschaft die sich hier bietenden Ver=gnügungen des Badelebens, seien es gemeinsame Aus=flüge, gesellige Zusammenkünfte, gelegentliche Tanz=parthien u. dgl., zu genießen, oder mag er in stiller Waldeinsamkeit der Ruhe pflegen, Berg und Thal durch=streifen und sich an den Schönheiten unserer von der Natur so sehr bevorzugten Umgegend ergötzen — immer wird er befriedigt von dannen ziehen und das liebliche Badestädtchen Lauterberg im friedlichen „Thal der Hoffnung" in dankbarer Erinnerung behalten.

Wie schon angedeutet, zählen wir zu unseren Sommergästen fast ausschließlich solche, die während der heißen Jahreszeit das Bedürfnis fühlen, sich für längere oder kürzere Zeit mal gehörig „auszuspannen". Wirklich Kranke sieht man hier höchst selten, was immerhin zu den Annehmlichkeiten unseres Bades zu rechnen ist, wenn man bedenkt, welchen Eindruck der stete Anblick bleicher hohlwangiger Gesichter auf gesunde Naturen ausübt. Sommerfrischler könnten wir füglich die Mehrzahl unserer Gäste nennen, denn für sie gilt das Dichterwort:

Hie Waldesduft, hie Wasserkraft,
Die Frohsinn und Gesundheit schafft.

So schließen wir mit dem aufrichtigen Wunsche, daß Lauterbergs Ruf als Bad auch fernerhin zunehmen möge, und daß die Zahl Derer, die wir zu unsern steten Sommergästen rechnen, sich immer mehr vergrößere!

W. Hoff, Rector.

IV.

Lauterbergs Umgebung.

Auf den Bergen da wohnet die Gottheit,
Wohnet der Friede, die Freude nur;
Auf den Bergen nur leben die Menschen;
Auf den Bergen nur lebt die Natur.

v. Maltitz.

Besteigt man zur ersten Orientierung den am Eingang des Ortes im Norden steil aufsteigenden Hausberg, das Wahrzeichen Lauterbergs, so übersieht man, dem Flecken zugewandt, vor allem das hier quer vorgelagerte Oderthal. In dieses münden von Norden her und zwar von Westen nach Osten fortschreitend folgende Thäler:

1) Etwas oberhalb der Haltestelle „Zoll" das Thal des Andreasbach, als dessen Quellbezirk der Pfaffenthals= und Großenthalskopf anzusehen ist. 2) Bei dem Bahnhof Lauterberg das Thal der Lutter, welches sich bei der Oberförsterei Kupferhütte in gerade (westlich) und krumme Lutter (östlich) theilt. Die erstere hat ihr Quellgebiet am Hohenfelde, jener Paßhöhe, von der nördlich die Gewässer der Sieber zufließen; die krumme Lutter entspringt an den Koboldsthaler= und Gödeckenköpfen. 3) Etwas oberhalb Bahnhof Oderthal das Thal der Sperrlutter, welche hier die der Oder bei dem Oderteich entzogenen und über Andreasberg geleiteten Gewässer derselben wieder zuführt, nachdem sie auf ihrem Laufe unterhalb Andreas=berg durch mehrere Nebenbäche verstärkt ist. Gleich hier sei bemerkt, daß das Thal der Sperrlutter be=

nutzt ist, um die Bahnstrecke Lauterberg = Andreasberg aufzunehmen.

Das Oderthal selbst setzt sich von der Mündung der Sperrlutter nordöstlich fort, besitzt eine gut= gehaltene Chaussee und ermöglicht dem Reisenden dadurch einen bequemeren und angenehmeren Zugang zum Centralharz, nach Braunlage und weiter nach Tanne, Elbingerode und dem vielgerühmten Bodethal, so daß diese Strecke eine der kürzesten Verbindung des Süd= west=Harzes mit dem Nordost=Harze ermöglicht.

Von Süden resp. Südosten her münden in das Oderthal, wiederum von Westen nach Osten fortschreitend:
1) Bei dem Bahnhof Scharzfeld das breite flache Barbiser Thal mit der Südharzbahn nach Walkenried und Nordhausen. Das Thal selbst entbehrt größerer landschaftlicher Reize und wird nur von solchen Touristen aufzusuchen sein, die von den umgebenden Höhen einen Gesammtanblick des Lauterberger Südharzes genießen wollen. 2) Bei der sogenannten Schanzenbrücke im unteren Theile des Ortes das Wiesenbeek, durch welches sowohl Fußweg wie Fahrweg zum vielbesuchten Wiesenbeekerteich führen. Etwas oberhalb des Teiches übersteigt man die Paßhöhe der „Hohe Thür" (Wasserscheide zwischen Weser= und Elbgebiet) und ge= langt ins Steinaer Thal (Weg zum Ravenskopf Kapitel 12). An kleineren und unbedeutenderen von Osten her ins Thal der Oder einmündenden Nebenthälern sind zu nennen: das Mastthal, das Flößbergsthal, das Dietrichsthal und das Herzbeek. Durch die beiden letztgenannten Thäler führen Wege zum Stöber= hai (Siehe Kapitel 13).

Schließlich sei noch bemerkt, daß in die im Vorstehenden genannten Hauptthäler zahlreiche Nebenthäler ein= münden, welche meist mit kräuterreichen blumigen Wiesen= flächen geschmückt sind, wodurch der Gegend besonderer Reiz verliehen wird.

Die Gesammt=Formation der das Bad Lauterberg

umgebenden Berge gestaltet sich in folgender Weise:
die vorstehend genannten von Norden her sich er=
streckenden Thäler enden in einer Hauptrückenlinie,
welche über dem Bahnhof Andreasberg beginnend sich nach
Westen hin über die Koboldsthaler=Köpfe, die Aschenthals=
halbe, das vorgenannte Hohe Feld, zum großen Knollen
über die Pfaffenthalsköpfe hinzieht. Eine ähnliche
Rückenlinie, welche die höchsten Punkte südlich resp.
östlich von Lauterberg in sich vereinigt, zieht sich vom
Stöberhai an der Braunschweigischen Landesgrenze
entlang über die Bramforst, den Quitschenkopf, den
Grillenkopf zur Hohen Thür und dem Ahrensberg.

Diese beiden Haupthöhenzüge, von denen die Thäler
mit ihren Gewässern von beiden Seiten zur Oder führen,
umgrenzen nun das ausgedehnte Gebiet, welches bei
der nachfolgenden Beschreibung des weitverzweigten
Wegenetzes in Lauterbergs Umgebung vornehmlich in
Betracht kommt. Die von den vorerwähnten Thälern
begrenzten zahlreichen Bergzüge werden bei den einzelnen
Wegstrecken besonders angeführt und genannt.

Die in dem angegebenen Gebiete vorhandenen Fuß=
und Fahrwege, soweit sie den Fremden zu Spazier=
gängen und Ausflügen empfohlen werden können, sind
auf beiliegender Karte genau eingezeichnet und nach
derselben leicht zu verfolgen.

Alle die verschiedenen Wegstrecken, welche nach
e i n e m hervorragenden Punkte der Umgegend führen,
sind zu einer Gruppe vereinigt und werden als solche
in je einem besonderen Kapitel angeführt und näher
beschrieben. In dieser Beschreibung treten die in
Lauterbergs unmittelbarer Nähe vorhandenen Wegzüge
zunächst auf, dann folgen die weiter entfernten Weg=
gruppen, bis in der Reihe derselben als das entfernteste
Ziel der Vater Brocken den Beschluß macht.

An den wichtigsten Straßenecken und Ausgangs=
punkten des Ortes sind große Richtungstafeln ange=
bracht, auf denen die Namen der von diesen Stellen

aus zu erreichenden Endpunkte unter Angabe der Weglängen verzeichnet stehen. An den Wegen selbst, namentlich an den Kreuzungspunkten sind zahlreiche Blechschilder mit der Harztanne zur Orientierung angebracht, außerdem machen in kurzen Entfernungen Buchstaben, Pfeile und Striche an passenden Bäumen u. s. w. auf den zu verfolgenden Weg aufmerksam. Daß sowohl in den ausgedehnten Anlagen des Kurparks wie auch an den verschiedenen Spaziergängen und Fußwegen in unserer näheren und weiteren Umgebung bequeme Sitzbänke und Ruheplätze vorhanden sind, sei ebenfalls noch hervorgehoben, sowie auch, daß — soweit es sich ermöglichen ließ — an verschiedenen geeigneten Punkten, sei es auf hohen Bergspitzen oder an lauschigen Stellen im Thal, Schutzhütten gegen etwaige Unbilden der Witterung errichtet sind.

Dies zu einer uns nothwendig erscheinenden vorläufigen Orientierung vorausgeschickt, möge nun die Beschreibung der einzelnen Weggruppen mit ihren Endzielen folgen.

1. Der Kurpark.

Die Anlagen Lauterberg's einschließlich der Promenaden mit ihren zahlreichen Villen ziehen sich 1½ km lang in der ganzen Ausdehnung des Ortes an dem Ufer der rauschenden Oder entlang. Dort, wo vor 50 Jahren bei der Gründung des Bades und auch noch später bis in die 70er Jahre hinein nur wüste Fläche, nur graues Steingeröll des alten Oderbettes sich zeigte, wo eine schlechte Landstraße an geräuschvollen Schmieden vorbeiführte, oder nur schmale Fußpfade die öde Gegend durchschnitten, dort breiten jetzt blühende Linden und mächtige Erlen und Eschen ihre schattenden Zweige aus, dort durchziehen jetzt breite, wohlgepflegte Wege die grünen Rasenplätze, dort laden lauschige, von Hainbuchen und Kiefern umrahmte oder von Rüstern und Roßkastanien beschattete Plätze den Wanderer zur Ruhe und zum Genusse der herrlichen Natur ein. Nur zwei Teiche, von hohem Schirmkraut umstanden, erinnern noch an die ehemalige Beschaffenheit des ganzen Terrains. Eine stattliche Villa nach der anderen ist dort inmitten grünender Gärten entstanden und die ehemals kaum von eines Menschen Fuß betretene Stätte ist jetzt ein entzückender Lieblingsaufenthalt aller Fremden geworden. Wem der Aufstieg auf die nahen Berge noch zu beschwerlich ist oder wer nach anstrengenden Tagen sich einen Tag der Erholung gönnen will, findet in den Anlagen ausgedehnte schattige Promenadenwege, aber auch reizende Ruheplätzchen in der Nähe, um der Musik zu lauschen oder sich der Zeitungslectüre hinzugeben.

Ein Spaziergang durch die Anlagen ist immer lohnend und bitte ich den freundlichen Leser, mich dahin zu begleiten.

Vom Bahnhof Lauterberg kommend verlassen wir schon am Eingange des Ortes, gegenüber der Oberförsterei Lauterberg die asphaltierte reinliche Hauptstraße, um rechts durch eine schmale Gasse über die Herrenwiese an dem alten Friedhofe vorbei die Promenadenstraße (Wißmannstraße) zu erreichen.

Wenden wir uns zuerst wieder nach rechts, so gelangen wir nach wenigen Schritten an das Eisenbahngeleise und an die über die Oder führende Schanzenbrücke. Von dieser aus erstreckt sich nach links zuerst am Bahndamm entlang die von alten Erlen gebildete untere Oderpromenade bis zur zweiten Oderbrücke, der Wehrbrücke. Verfolgen wir jedoch die von Linden umsäumte Promenadenstraße weiter, ohne zwei nach der Oderpromenade führende Gassen zu benutzen, deren zweite, dem Hôtel zur Krone gegenüber beginnend, an ihrem Ende zu der zu genanntem Hôtel gehörigen Dependance, der imposanten „Villa Hahn" führt, so gelangen wir vor Hôtel „Langrehr", rechts abbiegend an demselben vorbei in die Anlagen an der Kurquelle.

Wenn auch die Lauterberger Kurquelle nicht zu den Säuerlingen gehört, da ihr Wasser keine Kohlensäure enthält, so wird sie dennoch von Fremden, wie Einheimischen gern und viel benutzt, weil sie frei von schädlichen Bestandteilen (Ammoniak und salpetriger Säure) ein sehr gutes Trinkwasser liefert. In dem neben und über dem eigentlichen sehr starken Quell erbauten Pavillon ist ein Brunnenmädchen stets bereit, auf Wunsch dem Gaste ein Glas frischen Wassers aus der Quelle unentgeltlich zu verabfolgen. Neben dem Quellen-Pavillon erhebt sich eine Wettersäule, deren Barometer mehr noch als die Quelle von allen von der Gunst des Wetters abhängenden Gästen aufgesucht und um Rath befragt wird. Ankündigungen aller Art ziehen ebenfalls eine nicht geringe Zahl von Fremden hierher. In diesen Anlagen entwickelt sich besonders in den Nachmittagsstunden, wenn aus dem benachbarten Musikpavillon die Lauterberger Kurkapelle ihre sanften Weisen oder auch ihre rauschenden Klänge ertönen läßt, ein sehr reger geselliger Verkehr. Den in unmittelbarer Nähe liegenden Hôtels und Restaurants — dem schon genannten „Hôtel Langrehr", dem von der Wettersäule aus links jenseits der Fahrstraße liegenden Hôtel „Deutscher Kaiser," dem auf derselben Seite befindlichen Restaurant „zur Börse" und dem 1839 gegründeten Hôtel „Kurhaus" am Ende der Straße — entströmen dann Schaaren von Fremden, um teils der verdienten Mittagsruhe sich hinzugeben, teils den für notwendig erachteten Spaziergang unter den Klängen der Musik zu machen. In früheren Zeiten war dieser älteste, schon 1839—1841 angelegte Teil der Anlagen der allgemeine Sammelplatz aller, eine einzige große Gesellschaft bildenden Kurgäste. Und wahrlich, unter den alten schattigen Linden und an dem Hüttengraben entlang läßt es sich auch heut noch in Gesellschaft angenehm promenieren.

Verlassen wir jedoch nun diese Manchem vielleicht

zu belebte Stätte. Von der Wettersäule geradeaus gelangen wir über die Fahrstraße hinüber wieder in die Hauptstraße oder den Hüttengraben mittelst der eisernen Brücke überschreitend in die Ellernstraße, an deren Eingang sich das Bürgermeisteramt befindet. Halten wir uns dagegen rechts, so erreichen wir, ebenfalls den Graben überschreitend und vorbei an der Trinkhalle und dem städtischen Spritzenhaus, dem Lutherplatz mit der 1883 gepflanzten Luthereiche auf der Schützenhauspromenade mit „Hôtel Schützenhaus" und „Hôtel Kurpark" nach wenigen Minuten das Stationsgebäude der Haltestelle Kurpark. Folgen wir indessen dem Laufe des Wassers, so führt uns der Weg an der „Klinik" der neuen Wasserheil- und Badeanstalt (1890 erbaut) des Dr. med. Ritscher vorbei und nach Ueberschreiten des Bahngeleises an die schon vorhin erwähnte Wehrbrücke und somit an den Eingang des eigentlichen Kurparks. Zu demselben Punkte würden wir auch gelangt sein, wenn wir, von den Quellenanlagen bei Hôtel Langrehr rechts abbiegend die Parkallee verfolgt hätten. Bei Beginn der Parkallee befindet sich im linken Eckhause die Privatwohnung des Badearztes Dr. med. Ritscher.

Unmittbar an der Mündung des Hüttengrabens in die Oder führt uns eine Brücke in den neuesten (1873 bis 1876 angelegten) Teil der Kuranlagen. Links fällt unser Blick sofort auf ein im Holzbau (1866) aufgeführtes Gebäude, die Badeanstalt mit seinem Lese- und Musikzimmer. Vor ihm, im Schatten großer Roßkastanien, laden Bänke zu ungestörter Lectüre der im Lesezimmer ausgelegten zahlreichen Tagesblätter ein. Im ganzen Kurpark zerstreut finden sich etwa 100 solcher Bänke, frei am Ufer der Teiche oder im Gebüsch versteckt. Hier findet der müde und erholungsbedürftige Kurgast Gelegenheit in Gottes freier Natur neue Kräfte zu sammeln und sie auf den ebenen schattigen Wegen von Neuem zu versuchen. Neben dem Bade-

hause liegt hinter Fichten versteckt das große 1886
erbaute Schwimmbassin, das sein Wasser durch eine
lange 1891 angelegte Röhrenleitung aus der Oder
empfängt und derselben an der Wehrbrücke wieder zuführt.
Halten wir uns im Kurpark vom Badehause rechts, so gelangen wir an den Teichen vorbei an die dritte Oderbrücke,
die „Felsenkellerbrücke." Von hier, oder auch vom
Badehause den Weg links einschlagend, erreichen wir
bald wieder den Bahnhof Kurpark. Bleiben wir noch
diesseits des Schienenstranges, so haben wir zur Fort-
setzung unserer Promenade die Wahl zwischen einem
dunklen Tannengange und einem lichteren, von Erlen
eingefaßten Wege. Beide führen uns an das Ende des
eigentlichen Kurparks, der letztere immer am Oderufer
entlang läßt auf der andern Seite des Flusses das
Mundloch eines noch bis vor Kurzem in Betrieb befindlichen Versuchsstollens auf Rotheisenstein erkennen
und setzt sich fort in die zierlichen, von einem früheren
Kurgaste, namens Rinnée hergestellten und nach ihm
benannten Anlagen. Am Mühlenwehr passiren wir den
Mühlengraben und über den Schützenplatz an dem
neuen Schützenhause (1890 erbaut) vorbei durch die
obere Oderpromenade wandernd, sehen wir uns endlich
genötigt, das Schienengeleise zu überschreiten und befinden uns nun am oberen Ende des Ortes, am Beginn der Chaussee nach St. Andreasberg. Auf unserer
Wanderung sind wir unmerklich emporgestiegen und befinden uns jetzt etwa 20 m höher über dem Spiegel
der Nordsee, als bei ihrem Beginn. Zur Rückkehr benutzen wir die Promenade, die auf der Lauterberger
Seite des Bahndammes bis Bahnhof Kurpark sich
hinerstreckt. Dabei stoßen wir auch an dem Uebergang
über den Mühlengraben auf das obere Ende der Ellernstraße. Ehe wir Bahnhof Kurpark erreichen, fällt uns
noch unter den Villen zur rechten Seite ein in gelben
Backsteinen im Rohbau aufgeführtes Gebäude besonders
auf, es ist die in der Ellernstraße belegene 1889 er-

baute Realschule*). Endlich am Bahnhof Kurpark an=
gelangt, können wir uns hier sofort von unserem
Spaziergang erholen und von den Plätzen vor dem
Stationsgebäude uns an dem schönen Blick auf die
Berge (links Hausberg, rechts Kummel) erfreuen. Auf
dem Spielplatz hinter dem Gebäude erblicken wir die
1863 gepflanzte Octobereiche und hinter dem Kurpark
ragt die breite Masse des Scholben empor.

2. Der Hausberg.

Der Berg, der dem Fremden bei seinem Eintritt
in Lauterberg durch seine Isolirtheit und durch seinen
steilen Abfall in's Thal zuerst auffällt, der den an
ihn gelehnten Ort im wahrsten Sinne des Wortes
beherrscht hat, trug in früherer Zeit das Herrenhaus,
das „Haus" Kat'exochen, von Lauterberg, die Burg
der einst mächtigen Grafen von Lutterberg.

Wann und von wem sie erbaut ist, wissen wir
ebenso wenig genau, wie es sich auch nicht mit Sicher=
heit feststellen läßt, wann die Burg verlassen und dem
Verfall preisgegeben wurde. Grafen von Scharzfeld
und Lutterberg sollen schon vor mehr als 1000 Jahren
gelebt haben, während der Burg Lutterberg selbst zum
ersten Male 1203 Erwähnung gethan wird.

Das alte Grafengeschlecht derer von Lutterberg
erlischt mit Heiso, dem letzten seines Stammes schon
im Jahre 1396. Länger als das Geschlecht ihrer Er=
bauer hat sich die Burg gehalten, doch nach ferneren
200 Jahren (1593) beim definitiven Anfall der Graf=
schaft an das Herzogthum Braunschweig=Grubenhagen
— nach dem Tode des letzten Grafen von Hohenstein,
in dessen Familienbesitz die Burg die letzten Jahrhunderte
sich befunden hatte — ist die Burg vollständig verfallen.

---

*) Der Realschule ist von dem Reichskanzleramt die früher er=
wähnte nachgesuchte Berechtigung durch Verfügung vom 21. Mai 1892
datiert, erteilt worden.

Nur noch die Spuren alter Wälle und eine kellerartige
Vertiefung auf der Südostseite der Bergesspitze erinnern
jetzt an die alte Zeit und predigen die Hinfälligkeit
jedes menschlichen Machwerks. Der Menschen Geschlechter
kommen und gehen und ihre Werke folgen ihnen nach.
Doch in unvergänglicher Schöne und Erhabenheit prangt
wie damals zu Zeiten der eisengeharnischten Ritter auch
jetzt noch die Herrlichkeit der schönen Gottesnatur.

Weit in's Land hinein blickt die 421 m hohe,
120 m aus der Thalsohle steil aufsteigende Bergkuppe des Lauterberger Burgberges, die übrigen west-
lichen Randberge des Harzes überragend. Kein Fremder,
mag er auch nur einen Tag für Lauterberg übrig
haben, dürfte es versäumen, den Blick vom Hausberg
aus in's Thal zu genießen. Eine ständige Restauration
„Burg Hausberg" auf der Höhe sorgt für die leiblichen
Bedürfnisse.

Die mittlere Hauptstraße des Ortes verlassen wir
dem Postgebäude gegenüber durch eine schmale Gasse,
die auf den mit einer alten Linde gezierten Schulplatz
mündet. Hinter der Linde bemerken wir das Gebäude
der Volksschule, rechts das Knabenpensionat des Dr.
Ahn. An diesem vorbei folgen wir der Kummelstraße
aufwärts bis zu einem von Hecken eingefaßten Fußwege (Wegweiser), der uns nach einer Linksbiegung
auf die Höhe des Weinbergs (340 m hoch) bringt (Wegweiser). Links auf der baumlosen Nordseite des Haus-
berges führt in sanfter Steigung ein neuer Weg im
Zickzack empor. Am Waldrande wendet man sich
immer nach links, bis man an dem alten Wallgraben,
kurz vor der Höhe in den Wald tritt. Unmittelbar,
bevor man zum letzten Male rechts abbiegt, um die
Platte des Berges zu erreichen, bemerkt man an der
rechten Seite die einzigen Reste alten Gemäuers. Oben
angelangt ersteigt man noch, um eine freiere Aussicht
zu gewinnen, die wenigen Stufen des neuen Thurmes —
der alte fiel dem Sturm am 1. Juli 1891 zum Opfer.

Im Südosten und Süden zu unsern Füßen breitet sich
Lauterberg mit seinen Straßen und malerischen An=
lagen aus. Dahinter erhebt sich der Kirchberg und
der massige Scholben mit dem Ritscherdenkmal, dem
Hôtel „Ritscherhöhe" und dem Hôtel „Felsenkeller".
Die Felsen des Königssteins treten inmitten des Waldes
deutlich hervor. Nach Nordosten verbietet der Kummel
die Fernsicht, doch zeigt er in der Nähe deutlich die beiden
Rücken, mit denen er hufeisenförmig das kleine Kummel=
thal umfaßt.

Nach Norden schweift der Blick im Lutterthal
hinauf bis zu den Porphyrfelsen der Jungfernklippe
und im Nordwesten beschränken die beiden Haibeeks=
köpfe die Aussicht. Rechts von ihnen grüßt über die
Bärenthalsköpfe hinüber der neue Turm des hohen
Knollen.

Nur am westlichen Harzrande entlang und nach
Süden ist der Blick frei über die ehemals gräflich
Lutterbergischen Lande; zur Rechten über den Rothen=
berg hinweg erheben in weiter Ferne die Göttinger
Gleichen ihr Haupt, im Süden ragt der Bergrücken
des 522 m hohen Ohm empor und vor ihm in größerer
Nähe zeigen sich die Dörfer Bartolfelde und Oster=
hagen hinter dem Butterberge, an dem die weiße Fahr=
straße dahin empor führt.

Zum Abstieg benutzen wir den Weg durch den
Wald; den rechts befindlichen Weg einschlagend ge=
langen wir an der flacher abfallenden Südseite des
Berges bald zu einem Kreuzungspunkte. Den Weg
geradeaus verfolgen wir nicht, da er im Privatgebiet
endet, der Weg links würde uns an die steilste Lauter=
berger Straße „am Weinberge" führen, wenn wir
nicht oberhalb des Glockenhäuschens es vorgezogen
hätten, den steilen Pfad zu ihm hinabzuklettern, um
von da aus am Hôtel „Rathskeller" die Hauptstraße zu
erreichen. Wir wählen lieber den dritten Weg rechts,
der uns wieder an die auf der Nordseite des Berges

liegende kahle Trift bringt. Von hier aus rechts
gehend, würden wir über den Weinberg und an der
Kummelseite desselben hinunter nach Lauterberg zurück=
kehren können, während wir den Weg links verfolgend
vorbei an der alten Oelmühle (jetzt Schneidemühle)
auf die Chaussee im Lutterthal gelangen, die nach links
auf die untere Hauptstraße bei der Oberförsterei Lauter=
berg führt. Auf dem mittelsten der Wege würden
wir die Kupferhütte (siehe Kapitel 8) erreichen. In
einer Stunde kann der Besuch des Hausbergs be=
endet sein.

---

3. Der Kummel.

Die historischen Erinnerungen, die sich an den
Hausberg knüpfen, könnten schon allein Manchen zum
Ersteigen desselben veranlassen. Der Kummel, sein um
mehr als 100 m höherer Nachbar, entbehrt dieses An=
ziehungsmittels, aber auch schon dessen schattige Buchen=
waldungen allein und der freie Blick, den er von seiner
Höhe über das Harzgebirge bietet, ziehen eine große
Zahl derer empor, die Naturfreude und Naturgenuß
sich mit einiger Mühe erkaufen können und wollen.
Reichlich wird die Mühe des etwa 45 Minuten währenden
Aufstiegs zum Kummelturm belohnt. Dieser ist auf
der letzten noch 90 m über den Kamm sich erhebenden
Kuppe des langen Kummelrückens errichtet.

Von den 673 m hohen aus Tanner Grauwacke
und Wieder Schiefer gebildeten Koboltsthaler Köpfen
bei Andreasberg zwischen den hier sich sehr nahe
kommenden Thälern der Sieber und der Sperrlutter
erstreckt sich, fast genau in südlicher Richtung verlaufend,
der aus Tanner Grauwacke bestehende Kummelrücken,
zwischen dem Thal der krummen Lutter einerseits und
dem Langenthal und Oberthal andererseits bis zu
Lauterberg hin. Als sein letzter Ausläufer ist der
Hausberg zu betrachten. Vor Lauterberg verbreitet
sich der Rücken und zwingt die krumme Lutter zu süd=

westlichem und die Oder zu südöstlichem Laufe. Stark zusammengepreßt und gefaltet sind hier die aus Kiesel= schiefer=Einlagerungen in Wieder Schiefer bestehenden Gesteinsschichten, was dem Südabhange des Kummels sein charakteristisches Aussehen verleiht.

Zum Aussichtsturm steigt man vom Kummel= rücken aus, entweder von Süden oder von Norden empor. Wählen wir den ersten Weg zum Aufstieg, den zweiten zur Rückkehr.

Vom Orte aus ersteigen wir auf dem vorher (Kap. 2) beschriebenen Wege den Weinberg, den 340 m hohen Sattel zwischen Kummel und Hausberg (Wegweiser). Links sehen wir den zum Hausberg emporführenden Weg; geradeaus würden wir nach Kupferhütte gelangen; rechts befindet sich unser Weg. Nach einiger Zeit treten wir, immer steigend, in Buchenwald ein (Bank) und gelangen bald an ein Gatter. Hinter dessen Thür zeigen sich uns wieder drei Wege. Auf dem Wege links würden wir am Gatter entlang um den Kummel herum auf die nördliche Seite der Kuppe gelangen; den Weg rechts verfolgend würden wir über den so= genannten kleinen Kummel durch junges Eichengehölz ziemlich steil hinab den kleinen Kummelteich, ein künst= liches Wasserreservoir, im Kummelthal erreichen, von wo aus die Kummelstraße hinab wir auf dem Schul= platz des Ortes enden würden. Wir steigen daher vom Gatter aus den mittleren Weg über die Lichtung empor (Blick ins Land). Nach einigen Minuten wendet sich der Weg links, und auf dem Kamme gehend schauen wir rechts hinab ins tiefe Kummelthal. Beim Eintritt in den Wald biegt der Weg rechts ab und sendet vor der letzten Steigung einen horizontalen Verbindungs= weg nach rechts zu dem von der Nordseite hinauf= führenden Wege. Uns also links haltend, sehen wir nach wenigen Schritten den Turm vor uns. Ein Stein hinter ihm, am 13. Mai 1847 errichtet, giebt genau Auskunft über Lage und Höhe dieses ehemals

„Hammersteins Lindenpunkt" genannten Aussichtspunktes. Wir befinden uns danach 28⁰ 8¹ 23" östlich von Ferro und in der geogr. Breite von 51⁰ 38¹ 45", und 536 m über dem Spiegel der Nordsee sind wir von Lauter= berg aus 833 Fuß oder 240 m emporgestiegen.

Von der Höhe des Turmes (1885 erbaut) bietet ein herrliches Panorama sich unsern Blicken dar. Unter uns liegt der Hausberg und das bewohnte Oderthal mit Lauterberg, Königshütte und Drahthütte (jetzt Graupenmühle), das nach Westen zur stromdurchglänzten Aue sich verbreitet. Gerade entgegengesetzt in NNO. Richtung fällt unser Blick auf den häufig wolkenum= hüllten Brocken mit Achtermann und Rehberg zur Linken und Wurmberg zur Rechten. Davor breiten sich die grünen Wiesen der Jordanshöhe bei Andreasberg aus. Nach Norden blicken wir im krummen Lutterthal hinauf bis zu den thalabschließenden Koboltsthaler Köpfen. Im NW. ragt der Knollen mit seinem Turme empor, hinter dem rechts der horizontale Rücken des „Ackers" erscheint, und am Rande des Gebirges, fast durch den Wald verdeckt, leuchtet der helle Dolomitfelsen der Ruine Scharzfels herüber. Im SO. erhebt sich der Scholben, über den nur der Ravenskopf herüberschaut. Vom Quitschenkopf im O. fällt das Dietrichsthal mit dem Flößbergsthal (rechts) sich vereinend in das am Fuße des Kummels sich befindliche Oderthal mit dem „Oder= thaler Bahnhof". Der nach Westen steil abfallende Jagdkopf verdeckt den Stöberhai, während die dunkle Bramforst und die Trift deutlich hervortreten. Un= möglich wäre es, alle Höhen, Bergzüge und Thäler, die wir erblicken, aufzuzählen. Berg reiht sich an Berg, alle bestanden mit herrlicher Waldung. Weithin reicht unser Blick über das Land mit seinen lachenden Fluren und grünen Matten.

Am Horizont verschwindet im Süden in bläulichem Schimmer der Thüringer Wald, während nach SW. hin die Göttinger Berge herüberblicken. Wie ein Bild,

umrahmt von den Tannen des Kummels, liegt das
weite Land vor uns, ein wahrlich herrlicher Blick.

Trennen wir uns von dem Bilde und denken an
die Rückkehr. Der Weg, den wir zum Abstieg wählen,
läßt die Tannen zur Rechten liegen, verläßt aber bald
diese Tannenwand (rechts mündet der vorerwähnte
Verbindungsweg), um nach links biegend in dem Buchen=
walde auf die nördliche Einsattelung des Kummelrückens
zu führen. Von diesem Sattel (440 m hoch) gehen im
Ganzen fünf Wege aus. Den ersten sind wir soeben
herabgekommen, der zweite links (Wegweiser L. Kh.) ist
der vorher genannte am Gatter entlang führende Weg,
auf dem wir wieder auf die andere Seite des Kummels
gelangen würden, wenn wir es nicht vorziehen, vorher
durch eine Gatterthür hindurch den Weg thalwärts ein=
zuschlagen, der (stellenweise steil) das krumme Lutter=
thal unweit der Kupferhütte erreicht. Der dritte Weg,
zuerst gerade aus, dann links (Wegweiser Kh.) leitet
in dasselbe Thal hinab. Weiter oberhalb der Kupfer=
hütte, gerade an der Krümmung des Lutterthales ver=
einigt er sich mit den im Thal verlaufenden und über
die Kupferhütte nach Lauterberg führenden Wegen.

Auf dem vierten Wege geradeaus (Wegweiser Hl.),
fast immer auf dem Kamm des Bergzuges bleibend,
die höchsten Erhebungen rechts liegen lassend, gelangen
wir nach etwa einstündiger Wanderung auf den höchsten
Punkt (601 m) des ganzen Kummelrückens. Oberhalb
des oberen Haferthales treten wir aus dem hohen
Buchenbestand hinaus und zur Linken den Hochwald,
zur Rechten eine Schonung, geht es hinauf auf die
durch einzelne hochragende Buchen gekennzeichnete Stelle,
von der ein überraschender Blick auf das nahe Andreas=
berg mit dem Brocken im Hintergrunde sich öffnet.
Den Pfad links von den Tannen durch hohes Gras
weiter verfolgend, bemerken wir bald zur Linken einen
steil ins Thal hinabführenden Steig, auf dem wir bei
dem Lantzius=Denkmal wieder das Thal der krummen

Lutter erreichen würden. Gefällt es uns dagegen, noch
auf der Höhe zu bleiben, so gelangen wir nach Uebeŕ=
steigung zweier kleinerer Erhebungen (Blick aufs Gebirge)
oberhalb des großen Höllenthales wieder (560 m hoch)
auf geebnetere Wege (Tafel „Schonung"). Von diesen
würde uns der linke in gleicher Höhe bleibende Weg
um das Höllenthal herum über die Koboltsthaler Köpfe
nach Andreasberg (in 2—3 Std.) führen, der thalwärts
laufende uns in das Langenthal und somit in das Sperr=
lutterthal und Oderthal bringen. Der rechts fast in
gleicher Höhe bleibende sehr bequeme Weg leitet uns
auf der Oberseite des Kummels in vielen Windungen
zurück in unmittelbare Nähe der nördlichen Einsenkung
vor der Kummelhöhe.

Der von dieser Einsenkung ausgehende sich rechts
befindende fünfte Weg (Wegw. L.) führt ohne Umwege
zurück nach Lauterberg. Gegenüber der Baumschule
zweigt sich von ihm der eben erwähnte zweite nach dem
Höllenthal führende Weg ab (Wegw. Hl.), der in ge=
ringer Entfernung vom Kamme unmerklich emporsteigt.
Dem Wege nach Lauterberg folgend, verlassen wir am
Bischofshalse den Wald und sehen plötzlich wieder die
Häuser vor uns. Hier endet noch ein an der Oder=
seite des Kummels hinführender Weg (Wegw. Ot.), der
an dem Zusammenfluß der Sperrlutter und Oder im
Thale seinen Anfang nimmt. Vom Bischofshalse geht
es nun entweder sofort gerade aus hinab und betreten
wir dann den oberen Theil des Ortes, oder rechts hinab
und hinter den abschüssigen Gärten entlang, dann enden
wir im mittleren Theil, in unmittelbarer Nähe der
Wohnung des Badearztes Dr. med. Wander; oder
endlich rechts kaum abwärts um den Kummel herum
bis zu dem Kummelteich in der Kummelstraße, dann
erreichen wir, wieder über den Schulplatz gehend, die
Hauptstraße.

Von den drei Wegen, die auf die nördliche Senke
des Kummelrückens leiten, kann zum Aufstieg nur der

direct aus der Oberen Hauptstraße (an einem rothen Gebäude vorbei) zum Bischofshalse hinaufführende empfohlen werden, da die beiden aus dem Lutterthal aufsteigenden Wege nicht überall gleich bequem sind.

---

4. Der Scholben.

Eine der bedeutendsten Erhebungen in Lauterberg's unmittelbarer Nähe ist der mit hohen Buchen schön bestandene Scholben, welcher südöstlich vom Orte direct aus dem Flußbett der Oder zu einer Höhe von 543 m emporsteigt. Von allen Bergen der Umgegend wird der Scholben wohl am meisten durchstreift und begangen; nicht nur, daß wenige Schritte genügen, um aus den Anlagen des Kurparks auf die vielfach verschlungenen schattenreichen Spaziergänge, die sich am diesseitigen Bergabhange hinziehen, zu gelangen, sondern auch, weil uns diese Wege zu den hervorragendsten Aussichtspunkten unserer Gegend: Ritschershöhe mit Hôtel u. Restauration, Rögenersklippen, Königsstein, Schweiz u. s. w. führen. Auch weitere Punkte, wie Hassenstein, Jagdkopf und Stöberhai sind auf den Scholbenwegen zu erreichen. Spaziergänge auf denselben sind zu jeder Tageszeit zu unternehmen, da man mit Ausnahme weniger Stellen stets im Waldesschatten wandelt. Drei Hauptwege sind es, die fast parallel zu einander sich am Berge hinziehend über eine Stunde lang zu verfolgen sind. An verschiedenen Stellen stehen diese drei Wege durch Nebenwege mit einander in Verbindung.

Ueberschreitet man unweit der Haltestelle „Kurpark" (Kap. 1) von den Anlagen aus die über die Oder führende sog. Felsenkellerbrücke (Richtungstafel), so gelangt man rechts abbiegend nach wenigen Augenblicken zum Hôtel und Pensionshaus „Felsenkeller" (Besitzerin Wwe. Kohlmann). Von der geräumigen Veranda aus überblickt man vor sich zunächst die am Oderfluß sich hinziehenden Anlagen des Kurparks, hinter welchem hie und da die Häuser

Lauterberg's hervorlugen. Begrenzt wird das schöne
Bild von der freien Kuppe des Hausbergs und den
verschiedenen Ausläufern des Kummelrückens, die sich
bis an den Ort herunterziehen. Zwischen beiden Erhebungen erscheint die steilaufsteigende Straße des „Weinbergs", hinter welcher der Haibeekskopf im Lutterthal
hervorragt. — Wenden wir uns indessen von der Brücke
aus nach links, so betreten wir den unteren Scholbenweg, der in gleichmäßiger Höhe am linken Oderufer sich
hinziehend, am Steintisch vorbei (von hier Verbindungsweg zum mittleren Scholbenweg), das untere Ende des
Mastthals berührend bei den Wiesen des Flößwehrthals
den Wald verläßt und fast im Oderbett aufwärts führend
gegenüber dem Forsthaus Flößwehr endet. Hier dient
ein Steg zum Ueberschreiten des Flusses.

Steigen wir beim Verlassen der Felsenkellerbrücke
vom unteren Scholbenwege, uns rechts haltend, hinter
dem Holzgebäude nach oben, so kommen wir bald durch
einen Tannenbestand an einen Kreuzungspunkt. Der
Weg gerade aus führt uns an der Hildesheimer Quelle
vorbei nach kurzer Zeit auf den Verbindungsweg zwischen
unterem und mittlerem Scholbenweg am Steintisch, der
andere Weg vom Kreuzungspunkte rechts endet auf dem
mittleren Scholbenwege, der nach wenig Augenblicken
eine überraschende Aussicht auf Lauterberg und seine
nähere Umgebung öffnet. Nach kurzem Vorwärts-
schreiten erhebt sich vor uns das „Ritscherdenkmal", das
dem Gründer unserer Wasserheilanstalt, dem Sanitätsrath Dr. E. Ritscher in dankbarer Verehrung zwei
Jahre nach seinem Tode von Freundeshand errichtet
wurde. Dieser Denkstein, dessen feierliche Enthüllung
am 10. August 1862 erfolgte, zeugt noch heute und
wird noch späteren Geschlechtern zeugen von der großen
Liebe und Anhänglichkeit, die dieser Wohlthäter der
Menschheit in seltenem Maße genoß.

In unmittelbarer Nähe des Denkmals befindet
sich Hôtel und Restauration „Ritschershöhe". Der

Weg vor uns würde uns, zu Thal schreitend, entweder
links über die Wehrbrücke oder rechts zum Felsenkeller
und somit nach Lauterberg zurückführen, wir kehren
deshalb um und verfolgen den in gleichmäßiger Höhe
durch hohen Buchenbestand fortlaufenden Weg, der an
der Hamburger Quelle, Greta- und Prinzen-Quelle
(Aufstieg zum oberen Scholbenweg, nach Rögeners
Klippen, Königsstein, Haffenstein und Stöberhai) vorbei
durch drei schöne Wiesenthäler (Mastthal, Flößbergs-
und Dietrichsthal) — in gleicher Höhe fortschreitend
weiter zur „Schweiz" — führt; wir benutzen bald,
nachdem wir die Wiesen im Dietrichsthal verlassen
haben und wieder in den Hochwald eingetreten sind,
den beim Gatter (Kreuzweg; Aufstieg zum Stöberhai)
bergab führenden Weg und überschreiten bei Flößwehr
den Oderfluß (siehe Ende des unteren Scholbenwegs).

Um den oberen Scholbenweg zu erreichen, über-
schreiten wir am besten die lange Wehrbrücke über die
Oder bei der Badeanstalt und steigen, uns links
wendend, hinauf zum Scholben, Felsenkeller und
Ritschershöhe links liegen lassend. Von der Höhe
zwischen Scholben und Kirchberg aus führt uns der
Weg nach links bergauf bis zu einer Gabelung in
einen linken und rechten Scholbenweg (Wegweiser).
Wir verfolgen den Weg links immer oben am Berge
nahe dem Kamm entlang und kommen nach längerer
Wanderung an den Fußpfad (links), auf dem man
„Rögeners Klippen" erreicht (schöne und herrliche Aussicht auf das Harzgebirge mit Brocken). Verzichten
wir auf den Abstieg von hier aus zum mittleren
Scholbenweg und gehen auf den oberen Scholbenweg
zurück, so gelangen wir, denselben weiter verfolgend,
bald an den Weg (ebenfalls links), der uns zum
„Königsstein" leitet. Hier bietet sich unserem Auge ein
vorzügliches Panorama von Lauterberg und den um-
grenzenden Höhen. Wir steigen nun direct hinunter
(steil) auf den mittleren Scholbenweg oder begeben

uns wieder auf den oberen, der uns in seiner Fort=
setzung nach längerem Gange an einen Kreuzungspunkt
auf dem Dietrichskopfe (Wegschilder) bringt, von wo
aus wir im Dietrichsthal abwärts schreitend Flößwehr
(siehe vorhin) erreichen. Ein anderer Weg führt von
jenem Kreuzungspunkte aus nach Stöberhai (Kap. 13),
ein dritter zum Herzbeek und Jagdkopf.

Wollen wir die Scholbenhöhe überschreiten, so be=
nutzen wir den Weg, der vom oberen Scholbenweg
unweit des Abstiegs zum Königsstein rechts über den
Kamm führt. Dieser Weg trifft auf den am jenseitigen
Bergabhang hinführenden rechten Scholbenweg (siehe
vorhin), der uns rechts nach dem Kirchberg und
Lauterberg zurückführt.

---

5. Flößwehr und das Oderthal.

Das Oderthal oberhalb Lauterberg wird wegen
seiner Schönheit wie auch wegen der bequemen und
guten Zuwegung sehr viel begangen und besucht. Will
man nicht direkt von Lauterberg aus im Thal aufwärts
gehen oder bis Bahnhof „Oderthal" die Bahn benutzen,
so thut man am besten, wenn man einen der im vorigen
Kapitel beschriebenen Scholbenwege (unteren u. mittleren)
einschlägt, auf denen man gegenüber vom Forsthaus
Flößwehr das Flußbett der Oder erreicht. Ein Steg
über dieselbe bringt uns auf den thalaufwärts führenden
Hauptweg. Auch vom Aussichtsturm des Kummels aus
führt ein Weg (oberhalb Bahnhof Oderthal endend)
ins Thal (Kapitel 3).

Wollen wir zu unserer Wanderung durch das lieb=
liche Oderthal den bequemsten und kürzesten Weg machen,
so benutzen wir die durch die Hauptstraße Lauterbergs
sich hinziehende Fahrstraße, auf welche bei der am
oberen Ende des Orts gelegenen Möbelfabrik die Haupt=
promenade des Kurparks ausläuft. Hier folgen wir
der sanft ansteigenden Chaussee, oder wir betreten links

schräg hinauf einen zu jener parallel laufenden Fußpfad, der uns nach kurzer Wanderung hinter der scharfen Biegung der Fahrstraße wieder auf dieselbe zurückbringt. (Gleichzeitig sei bemerkt, daß man etwa von der Mitte dieses Fußweges aus aufsteigend, den Bergrücken entlang, die Höhe von Bischofshals und somit den Kummel erreichen kann.) Nach wenigen Minuten gelangen wir auf der Chaussee an das Forsthaus „Flößwehr" mit Kaffeewirthschaft. Verlassen wir, uns rechts wendend, die Chaussee und überschreiten den Bahndamm, sowie etwas weiter vor die Oder mit ihrem breiten Flußbett, so bemerken wir an der Waldecke einen links in den Buchenwald führenden Weg; denselben in der angegebenen Richtung (nach rechts Aufstieg zum oberen Scholbenwege und Stöberhai) verfolgend gelangen wir auf einen horizontal laufenden Weg. Haben wir denselben betreten, so erhebt sich vor uns eine hervorspringende Felspartie, die „Schweiz" genannt. (Bänke). Von hier aus gelangen wir zur Rechten auf einem ziemlich steilen und schmalen Fußpfade nach kurzem Aufstieg auf „Schweizerhöhe", von der aus wir einen romantischen Blick auf das vorgelagerte Oderthal mit Bahnhof Oderthal und Restauration „Zur Schweiz", sowie auf den sich dahinter erhebenden Kummel und die sich nach rechts ziehende „Hillebille" genießen.

Zwischen beiden Erhebungen erblickt man das Thal der Sperrlutter.

Steigt man von „Schweizerhöhe" wieder herab und verfolgt den vorhin verlassenen thalaufwärts führenden Weg an der Schweiz vorbei, so erreicht man nach längerer Wanderung an der Louisenquelle vorbei freies Terrain. In derselben Höhe auf der Trift weiterschreitend würden wir vor dem Herzbeek auf die Fahrstraße gelangen (Weg zum Stöberhai), wir begeben uns indessen gleich links abwärts auf dieselbe, um den Rückweg durch's Oderthal anzutreten. Wir passieren zunächst die „Schuckelbrücke" (Steinbruch) und später, die Chaussee thalwärts verfolgend, bei dem Eintritt der Sperrlutter in das Oderthal die „Andreasberger Brücke". Nach dieser erreichen wir bald gegenüber von Bahnhof Oderthal die Restauration „Zur Schweiz" (Besitzer Ließmann; beliebter Aufenthaltsort für Fremde). Auf der schönen Veranda halten wir Rast, um uns zu erfrischen und den herrlichen Blick ins Oderthal zu genießen. Falls wir nicht vorziehen, mit der Bahn zurückzufahren, gehen wir auf der Chaussee hinab. Nach kurzer Zeit haben wir Forsthaus Flößwehr wieder erreicht, von wo wir den Rückweg, im Thale bleibend, oder durch den Scholben einschlagen.

6. Der Kirchberg und das Wiesenbeek.

Unmittelbar neben dem Scholben in südwestlicher Richtung erhebt sich der im oberen Teil meist mit Tannenwald bestandene Kirchberg; zwischen beiden Höhen breiten sich saftige, blumige Wiesengründe aus, das Kirchthal genannt, welches sich bis zur Paßhöhe hinaufzieht. In halber Höhe dieses Thales erblicken wir inmitten der Wiesenflächen den mit Gestrüpp bewachsenen halbkugelförmigen „Sandhügel", welcher durch Ausschachtung aus den nahen Bergwerken früherer Zeit entstanden ist.

Der Kirchberg erreicht längst nicht die Höhe des benachbarten Scholben. Um auf seine Höhe zu gelangen, schlagen wir den im vorigen Kapitel beschriebenen schattigen Aufgang zum oberen Scholbenwege ein, oder wir halten uns beim Verlassen der Wehrbrücke rechts hinauf und wählen den an der Villa Gattermann (dieselbe rechts liegen lassend) vorbeiführenden Aufstieg durch das Kirchthal (schattenlos). Von der Höhe aus (Uebergang zum Wiesenbeek) vor dem niedrigen Tannenbestande bietet sich unserem Auge ein liebliches Bild auf Lauterberg. Der mittlere Teil des Städtchens mit seinen geschlossenen Häuserreihen und der größte Teil des vorgelagerten Kurparkes liegen friedlich im Thal vor uns; dahinter erhebt sich mit seiner ganzen

Breitseite uns zugekehrt der kegelförmige Hausberg, welcher keck zu uns herüberschaut; rechts von ihm beginnt der weit höhere Kummel emporzusteigen. In der Senkung zwischen beiden Höhen zieht sich die Häuserreihe der Weinbergsstraße (Uebergang ins Lutterthal) bis zum Sattel hinauf. Lassen wir unsern Blick weiter schweifen, so ruht unser Auge auf dem wellenförmig gebogenen Höhenrücken der das Lutterthal einschließenden schön bewaldeten Bergzüge, hinter welchen als höchste Erhebung die Kuppe des großen Knollen mit dem Aussichtsturm zu uns herüberwinkt. Kehren wir dieser Scenerie den Rücken und schreiten durch die niedrigen Tannen weiter vor, so wird sich uns nach wenig Augenblicken von einer kleinen Anhöhe (Bank) aus ein neues Bild landschaftlicher Schönheit bieten. Umrahmt von waldigen Höhen, die sich bis zur Thalsohle hinunterziehen, erscheint uns in malerischer Pracht der Spiegel des Wiesenbeeker Teichs. Ueber die nahen Berggipfel hinweg schweift unser Blick zur kahlen mit einzelnen Tannen besetzten Kuppe des Ahrensberges.

Von der Paßhöhe des Kirchbergs, auf der wir uns befinden, führen weiter folgende Wege ab: 1. Links hinauf ersteigen wir den Scholben (Kapitel 4). Bei der Gabelung schlagen wir den rechten Scholbenweg ein, der uns in gleichmäßiger Höhe am jenseitigen Abhang entlang um die Mummenthalsköpfe herum (dort links Uebergang über den Scholbenrücken zum oberen Scholbenweg (Kapitel 4), etwas weiter vor Abstieg rechts ins Wiesenbeek, zurück zum Teich), den Grillenkopf berührend zur Paßhöhe der „Hohen Thür" führt. (Kap. 12). Von hier steigen wir hinab ins Wiesenbeek zum Teich. Dieser Weg, der stets schattig ist, nimmt etwa 2 Stunden in Anspruch. 2. Verfolgen wir den vom Kirchberg aus ins Wiesenbeek ziemlich steilab führenden Pfad, so gelangen wir nach kurzer Zeit an tiefen Erdsenkungen (alte Bergwerke) vorbei auf die Chaussee, welche links zum Teich und rechts nach Lauterberg führt. 3. Wenden wir uns vom Kreuzungspunkte des Kirchbergs aus nach rechts, so betreten wir einen schmalen, zunächst durch niedriges Gehölz führenden Pfad, der uns zur „Kirchbergshöhe" bringt. Dicht vor dem hohen Tannenbestand haben wir nochmals Gelegenheit, einen herrlichen Blick ins Wiesenbeek und auf die benachbarten Höhen zu werfen (rechts über den Mörser hinweg erscheint das hügelige Harzvorland mit der Hainleite), sodann können wir rechts die Kirchbergshöhe überschreiten oder den Weg geradeaus verfolgend die Kuppe umgehen.

Beide Wege vereinigen sich bald wieder bei einer Bank und leiten uns durch den Tannenbestand bergab nach Lauterberg zu. Mittewegs berühren wir freies Terrain, daselbst Bank, von wo aus schöner Blick auf Lauterberg. Sobald wir im weiteren Verfolg des Weges eine am unterm Saum des Tannenwaldes gelegene Grotte erreicht haben, bietet sich unsern Blicken eine überraschend großartige Aussicht dar. Lauterberg erscheint uns in seiner vollen Ausdehnung bis auf wenige Häuser des oberen Teils. Links im Thale abwärts überschauen wir die saatengrünen Felder der Aue, die sich bis zum Zoll und zur Domäne Scharzfels hinzieht. Die Fernsicht auf das Gebirge ist weit umfangreicher, wie von der Paßhöhe des Kirchbergs. Neben den dort genannten Höhen tritt hier hauptsächlich noch rechts seitwärts die volle Höhe des vordern Kummelrückens hervor. Zwischen ihm und dem gegenüberliegenden Scholben erscheint wie eingekeilt — gleichsam das Oderthal sperrend — der teilweise mit jungen Tannen bepflanzte Bergrücken des „Bischofshals", hinter dem die weit höhere „Hillebille" und der Hannov. Jagdkopf aufsteigen. Gehen wir nun am Rande des Tannenwaldes entlang weiter, so treffen wir bald an einen Kreuzungspunkt, von wo aus ein Weg ins Wiesenbeek (links) ein anderer abwärts direkt nach Lauterberg führt.

An der Südseite des Kirchberges hin zieht sich das schon mehrfach erwähnte Wiesenbeek; dasselbe wird begrenzt außer vom Kirchberg, links vom hohen Scholben, den Mummenthalsköpfen, rechts vom Grillenkopfe, der hohen Thür und dem Mörser und zieht sich zwischen diesen Höhen von der unweit der Schanzenbrücke gelegenen Böttcher'schen Bierbrauerei ausgehend zuerst in fast östlicher, dann in nördlicher Richtung etwa 1½ Stunde weit fort. Die Thalsohle selbst wie die Abhänge der benachbarten Höhen werden durch kräuterreiche ausgedehnte Wiesenflächen geschmückt, zwischen denen sich ein kleiner Bach (Beeke, Bäke, Bache) hindurchschlängelt, wovon das Thal seinen Namen erhalten hat.

Das Wiesenbeek birgt den herrlichsten Schmuck unserer Umgegend, den „Wiesenbeekerteich", der mit Recht die Perle Lauterbergs, ja diejenige des ganzen Südharzes genannt werden kann. Es ist ein herrliches Plätzchen, ein Fleckchen Erde, wie es weit und breit im lieben deutschen Vaterlande nicht aufzufinden sein dürfte.

Mit Vorliebe erwählen daher die Fremden diesen Glanzpunkt unseres Bades, namentlich am Nachmittag, als Endziel ihres Spazierganges zu ihrem Lieblingsaufenthalt. Auch wird der Wiesenbeekerteich von Touristen, sonstigen Sommerfrischlern und Ausflüglern von nah und fern, die gewöhnlich die Route Ravenskopf—Lauterberg oder umgekehrt einschlagen, massenhaft besucht. — Zu diesem von Lauterberg eine kleine halbe Stunde entfernten Punkte führen verschiedene Wege, die theils zu Fuß, theils auch zu Wagen zurückgelegt werden können. Den Gang über die Paßhöhe des Kirchberges haben wir vorhin bereits beschrieben. Ein weit bequemerer Fußweg, der wohl am meisten benutzt wird, beginnt jenseits der bei der Badeanstalt liegenden Wehrbrücke. Haben wir diese Brücke überschritten, so steigen wir, uns rechts haltend, den Abhang hinauf, lassen die Gattermann'sche Villa links liegen und verfolgen den Weg, der sich in mäßiger Höhe um den Kirchberg herum zieht. Beim Eintritt in den schattigen Wald befinden wir uns bereits im Wiesenbeek. Den Wald durchwandernd durchschneiden wir an der Stelle, wo ein Weg links hinauf zum Kirchberg führt, die Chaussee, die vom untern Teil des Ortes aus, an der Böttcher'schen Brauerei vorbei, ebenfalls zum Teich läuft. Behalten wir den durch niedrigen Bestand führenden Fußweg bei, so gelangen wir nach etwa 10 Minuten auf freies Wiesenterrain, von wo aus wir bereits den Teichdamm mit dem Striegel= häuschen erblicken können. Nachdem wir sodann noch eine kleine Anhöhe erstiegen und ein Stück Buchenwald durchschritten haben, erheben sich plötzlich vor uns die Gebäude des Hôtels „Wiesenbeekerteich". Noch eine kurze Steigung — und unser Blick fällt auf die spiegel= glatte Wasserfläche des so idyllisch gelegenen großen Wasserbeckens.

Einen unvergleichlich schönen Anblick gewährt die blaue, weite Fläche, ringsum begrenzt von hohen mit Tannen und Buchen bestandenen Bergen, deren Ab= hänge sich bis an den Wasserrand sanft abdachend hinunterziehen.

Der von der Eisengießerei Königshütte vor langen Jahren (1738) durch Abdämmung des Thals als Wasser= reservoir angelegte Teich, der der Hütte bei Wasser= mangel das nöthige Wasser zum Betriebe liefert, ist 28 hannov. Morgen ($7\frac{1}{3}$ ha) groß; seine Tiefe beträgt nahezu 50 Fuß. Seitens der Oberförsterei Lauterberg ist der Teich mit Fischbrut (Karpfen und Forellen) besetzt; alle vier bis fünf Jahre wird das Wasser ab= gelassen und der Teich ausgefischt. Den Besuchern steht zum Befahren des Teiches eine Reihe kleiner Gondeln zur Verfügung, deren Benutzung namentlich in den Nachmittagsstunden und am Abend ein besonderes Ver= gnügen gewährt.

Das im Jahre 1881 abgebrannte und geschmack=

voll wieder aufgebaute „Teichhôtel mit Pensionshaus"
(jetz. Besitzer Neye) dürfte im Stande sein, allen be=
rechtigten Anforderungen und Wünschen zu entsprechen.
Während der Sommermonate finden hier auch häufig Kon=
zerte unserer Kurkapelle wie auswärtiger Künstler statt.

Besonders lohnend ist es, einen Spaziergang um
den Teich zu machen, welches etwa 20 Minuten in
Anspruch nimmt. Man geht vom Hôtel aus, den Teich
rechts liegen lassend, auf einem nahe am Rande des
Wassers hinführenden Fußwege entlang, überschreitet
oberhalb des Teiches das Thal und tritt wieder rechts
in den Wald ein. Ueber Wiesen, von wo aus man
den schönsten Blick auf Teich, Hôtel und Umgebung ge=
nießt, führt der Weg nochmals auf eine kurze Strecke
durch einen Tannenbestand. Aus diesem zieht sich ein mit
Steinstufen versehener schmaler Pfad zum Teichdamm
wieder hinunter.

Vom Wiesenbeekerteich aus führen Wege zu folgenden
hervorragenden Punkten: zum Ravenskopf (Kap. 12),
zum Stöberhai (Kap. 13), zum Ahrensberge (Kap. 11)
und nach Steina, Sachsa und Bahnhof Osterhagen.

Zu unserer Rückkehr nach Lauterberg wählen wir,
um nicht denselben Weg zu benutzen, die Fahrstraße,
welche oberhalb des Hôtels liegt und parallel zum
unteren Fußwege sich am Bergabhange hinzieht, bis
sie, den genannten Weg durchschneidend, bald die Thal=
sohle im unteren Wiesenbeek erreicht. Der Weg auf
der Chaussee nimmt der Thalwindungen wegen mehr
Zeit in Anspruch, ist auch stellenweise schattenlos, wes=
halb der Fußweg vorzuziehen ist.

7. Die Königshütte.

Dieses Hüttenwerk, eines der schönsten am Harze,
liegt eine Viertelstunde unterhalb Lauterbergs am linken
Ufer der Oder, von welcher sämmtliche Werke getrieben
werden. In den Jahren 1731—34 wurde dieses Werk

angelegt, als man die Eisenhütten zu Lonau und in
Sieber einstellte. Die Betriebsgebäude, welche wir jetzt
dort vorfinden, sind indessen erst in späterer Zeit, teil=
weise im Laufe der letzten 20 Jahre entstanden resp.
umgebaut. Der Hauptbau der Formerei ist im Jahre
1830 beendet.

Um zur „Königshütte" zu kommen, überschreiten
wir die Schanzenbrücke und passieren, uns immer rechts
haltend, den sogenannten Hüttenweg, oder wir wandern
vom Hôtel zum Eichenkopf (Veranda, Aussicht!) aus am
rechten Ufer der Lutter entlang bis zu deren Mündung in
die Oder. Hier führt uns ein Steg hinüber auf den
Hauptweg, der uns nach wenig Augenblicken auf den
geräumigen Hüttenplatz bringt. Zur Linken liegt zu=
nächst ein kleines Beamten=Wohnhaus, daneben das
Modell=Lagerhaus. Weiter anschließend erblicken wir
im schönen gothischen Stile erbaut, einen wahrhaft
königlichen Bau, die Groß= und Kleinformerei, in
deren Vorhallen die geschickten Former ihre Arbeit ver=
richten. Hinter dieser Hütte erhob sich früher der hohe
Gichtturm der Hohofenhütte. Derselbe ist im Jahre
1866 eingestellt und 1872 abgebrochen. Weiter nach
links wird die Reihe der Betriebsgebäude durch die
Tischlerei (früher Walzwerk) und eine Roggenmühle
geschlossen. Behalten wir die anfängliche Stellung bei,
so sehen wir zur Rechten die Hüttenschenke, neben der=
selben die Modellierwerkstelle und das Kunstgußwaaren=
Kabinet. Etwas weiter zurück liegt die Maschinen=
Fabrik und neben derselben das Eisenmagazin. Gerade
vor uns blicken wir auf das Wohnhaus des jetzigen
Besitzers der Königshütte, L. Holle; in den unteren
Räumen dieses Gebäudes befinden sich die Büreaux.
Gehen wir über den Hüttenplatz, das genannte Ge=
bäude rechts lassend, so kommen wir zur Linken an den
Wohnungen der übrigen Beamten der Hütte vorbei.
Weiterhin links sehen wir die 1873 in Betrieb gesetzte
Gasanstalt, daran schließt sich die 1872 eingerichtete

große Weizenmühle, in deren Gebäude sich gleichzeitig seit 2 Jahren die Anstalt zur Erzeugung des elektrischen Lichtes für das ganze Werk befindet. Seit dieser Anlage ist die Beleuchtung mit Gas eingestellt; dieses wird nur noch zu Versuchen bei Gas-Motoren verwendet.

Etwa 5 Minuten unterhalb der Königshütte am rechten Oderufer liegt die frühere „Drahthütte", jetzt umgewandelt in eine Sägemühle und Graupenmühle. Diese Werke gehören ebenfalls zur Königshütte.

Bis zum Jahre 1871 war die Königshütte fiskalisch und stand bis dahin mit ihrem Gesamtbetriebe unter der Direktion des Ober-Bergamts in Klausthal. Seit jener Zeit ruht das Werk in Privathänden.

Auf diesem ausgedehnten Hüttenwerke finden etwa 170 Leute Beschäftigung. Neben gußeisernen Oefen und anderen Handelsgußwaaren erstreckt sich die Fabrikation des Gewerkes auf Maschinen aller Art, namentlich Gas- und Petroleummotore. Ein besonders beliebter Handelsartikel sind die kleinen Kunstgußsachen, die von den Fremden viel gekauft werden. Man findet dieselben in dem vorhin erwähnten Kunstgußwaaren-Kabinet, zu dem man tagsüber Zutritt hat, höchst geschmackvoll ausgestellt*); ein Besuch des Etablissements ist den Fremden zu empfehlen.

Von der Königshütte aus führt ein Weg über die Koldung nach dem Dorfe Barbis. Auf der Höhe kann man auch rechts abbiegen und über den „Kiebitzfang" hinweg, meist am Waldessaum entlang, nach der Möbelfabrik „Oderfeld" gelangen. Ferner beginnt bei der unterhalb der Hütte gelegenen großen Wehrbrücke der am linken Oderufer entlang führende entzückend schöne Philosophenweg.

---

*) Außerdem befindet sich ein vollständiges Lager der Kunstgußwaaren in Lauterberg bei dem Formermeister a. D. Wilh. Hecht, Doktorstraße.

8. Kupferhütte und die Lutterthäler.

Der jetzige Forstort „Kupferhütte", bestehend aus den Gebäuden der gleichnamigen Oberförsterei und dem Forsthaus Kupferhütte (mit Restauration), liegt an dem Vereinigungspunkte der beiden von der „geraden" und der „krummen Lutter" gebildeten Thäler.

Die eigentliche Kupferhütte, die, an der Stelle der jetzigen Oberförsterei gelegen, im vorigen Jahrhundert das stille Thal mit dem Geräusch ihres Hammers erfüllte, und in der die Kupfererze der benachbarten Gruben verhüttet wurden, ist vom Erdboden vollständig verschwunden. Nur ihr Name hat sich erhalten; doch zahlreich sind die Spuren des einst hier lebhaft betriebenen Bergbaues auf Kupfer. Die in nordwestlicher Richtung zum Teil in bedeutender Länge sich hinziehenden Erz- und Mineralgänge des Lauterberger Gebiets haben gewiß schon frühe durch ihren Gehalt an Kupfer- und Eisenerzen die Aufmerksamkeit auf sich gelenkt. Wahrscheinlich ist es, daß schon am Ende des 13. Jahrhunderts hier der Kupferbergbau aufgekommen ist. Mit vielen Unterbrechungen und wechselndem Glück ist er bis in die Mitte dieses Jahrhunderts fortgeführt, bis er 1868 mit Einstellung des letzten Versuchsortes „Neue Grube" vollständig und wahrscheinlich für immer zum Erliegen gekommen ist. Nur Schwerspat wird noch an mehreren Stellen der Gangzüge in Gruben abgebaut. Hohe, mächtige und ausgedehnte Halden an verschiedenen Punkten der Lutterthäler lassen auf den beträchtlichen Bergbau schließen, der einst hier geführt ist. Kupferkies, Malachit, Kupferlasur und die andern Kupfererze können dort noch leicht gefunden werden. Erhalten hat sich bis auf die Jetztzeit der Eisensteinbergbau. Durch hohen Eisengehalt ausgezeichnet ist der auf der „Knollengrube" am Fuße des Knollens im Hübichenthale abgebaute Roteisenstein (faseriger roter Glaskopf).

Gute Fahrstraßen ziehen von Lauterberg aus die beiden Lutterthäler hinauf. Am unteren Ende des Ortes, auf seiner rechten Thalseite beginnend, folgt die Chaussee dem Laufe der Lutter auf ihrer (linken) östl. Seite. Hinter dem Forsthaus Kupferhütte überschreitet sie die krumme Lutter und teilt sich dann in die Chaussee des geraden (links) und des krummen Lutter=thals (rechts).

Doch auch schattige, bequeme Waldwege auf beiden Seiten des Thales leiten nach der Kupferhütte, einem der bevorzugtesten Ausflugsorte der Lauterberger Fremden. Wohlthuend und erquickend ist der Aufent=halt in diesem friedlichen Thal, dessen Stille nur unter=brochen wird durch das Rauschen des Lutterbachs oder durch das Geläute der heimkehrenden Herden.

An der „Oberförsterei Lauterberg" treten wir ein in das Lutterthal. Nach wenigen Schritten liegt hinter uns die maschinenerfüllte Werkstätte einer Möbelfabrik, und auf der rechten Seite der Chaussee, im Schatten alter Erlen den Wassergraben überschreitend, gelangen wir an eine Schneidemühle, die wir links liegen lassen, indem wir im Walde etwas bergauf steigen (Wegw. Hb). Horizontal setzt sich nun der Weg links an der Trift des Weinbergs fort, die über den Weinberg von Lauterberg führenden Wege (Kap. 2) aufnehmend. Oberhalb der Chaussee — rechts die schlanken Rot=tannen des Kummels, links ein kleines Buchengehölz — erreichen wir nach etwa $\frac{1}{2}$ stündigem Gange das Forsthaus, unser und so vieler Fremden Ziel. Eben=dahin führt auf der anderen Seite der Lutter ein etwas weiterer, an einzelnen Stellen ganz romantischer Pfad, der an dem steilen Lutterufer zum Teil in den Felsen gesprengt worden ist. Entweder passiert man vor der Schneidemühle die Lutter mittelst des ersten Steges am „Haibeeksthal" (links neues Wohnhaus, Wegw. nach der Ruine Kap. 9) und wendet sich am Waldesrande rechts (Wegw. Kr. Kl.) oder man benutzt den zweiten Steg oberhalb der Schneidemühle dem Weinberge gegenüber. Beide Wege vereinigen sich an der „Augenquelle". Oberhalb derselben befindet sich die große Halde der ehemaligen Grube „Kupferrose", die 1688 in Betrieb gesetzt, schon nach 100 Jahren eingestellt wurde, obgleich sie zu den ergiebigsten Kupfergruben des ganzen Harzes gezählt werden mußte. Links von ihr hinter dem Gatter erhebt sich auf einem freien Platze die mächtige „Gerstacker-Buche", die in der Höhe von 2 m noch einen Umfang von 3½ m aufweist.

Von der Augenquelle an hebt der Weg sich etwas, bis er die Höhe eines alten Wassergrabens erreicht hat, auf dessen Bord wir bald an einige liebliche Aussichtspunkte geführt werden. Hinter einem Gatter mit einer Pendelthür (vor ihm links Weg nach dem Knollen, Kap. 14) müssen wir rechts hinabsteigen und zuerst die gerade, dann die krumme Lutter überschreitend, sind wir wieder am Ziele. Am Fuße des steilen Kummels, zwischen der geraden und der krummen Lutter, liegt das Forsthaus mit seinem schiefen Giebel ganz malerisch da. Die große Zahl der Ruheplätze zu beiden Seiten der Straße im Schatten alter Bäume wird Jeden ein ihm passendes Plätzchen finden lassen, mag er den Blick auf die Wiesen des Scheffelthales, auf den Mittelberg oder auf den Kummel vorziehen. Groß ist auch die Zahl der Spaziergänge, die von Kupferhütte aus unternommen werden können.

Im „Geraden Lutterthal" (links von Kupferhütte) ragen am Westabhange des Mittelberges die Porphyrmassen der „Jungfernklippe" empor, von denen ein reizender Blick thalwärts auf den Hausberg sich bietet. Vor dem neuen Forsthause führt ein sanft aufsteigender Weg (30—40 Minuten) zu ihnen empor. Ziemlich steil bergab gelangt man wieder auf die Chaussee. Im Thale aufwärts zeigt eine weiße Halde eine noch im Betrieb befindliche Schwerspatgrube an. Oberhalb dieser nimmt das Thal links das „Große Bärenthal" und

ihm gegenüber rechts das „Uebelsbachsthal" auf. Weiter
aufwärts befand sich ehemals ein Teich, dessen Wasser
1808, den Damm durchbrechend, große Verwüstungen
im Lutterthal angerichtet hat. Jetzt ist die Stelle noch
an dem das Thal zur Hälfte absperrenden Damme
kenntlich. Auf den grünen Wiesen des ehemaligen Teich=
grundes weidet jetzt eine Lauterberger Rinderherde.
Nach 10 Minuten sehen wir rotbestäubte Häuser vor
uns, die Gebäude der „Knollengrube". Die Berge, die
immer näher von beiden Seiten herangerückt sind, engen
das Thal so ein, daß nur noch die Fahrstraße neben
dem Flüßchen Platz hat. Die Steigung, die wir bisher
kaum bemerkten, wird bedeutender, nach etwa einstündigem
Marsche (4 km) kehren wir nach der Kupferhütte zurück,
wenn wir nicht noch von der „Knollenbuche" zum Knollen
(Kap. 14) hinaufsteigen wollten.

Das „Krumme Lutterthal" (rechts von Kupferhütte)
erstreckt sich zuerst in nordöstlicher, dann nach links ab=
biegend wie das gerade in wesentlich nördlicher Richtung.
Zwischen den beiden Thälern am Fuße des Mittelberges
befindet sich die „Oberförsterei Kupferhütte", deren Teiche
durch das Wasser eines alten Stollens gefüllt werden.
Ihr gegenüber auf der anderen Seite der Lutter steigt
ein Weg zum Kummel empor. Auf diesem Ufer bleibend,
vorbei an der „Prießnitz=Quelle", erreichen wir bald
an den Wiesen des „Hahnebergsthales" den zweiten
zum Kummel hinaufführenden Weg (Kap. 3). Ueber
die Wiesen hinüber, etwas bergauf (Wegw. Wasserfall)
gewinnen wir auch hier die Höhe eines alten Grabens,
der uns nach einiger Zeit an den „Wasserfall" führt.
Hier befand sich im ersten Jahrzehnt des Bades die
Riesendouche (Moltke am 27. Aug. 1841) mit etwa 9 m
Fallhöhe. Eine Köthe auf dem jenseitigen Ufer steht
auf der Halde der alten Grube „Luise Christiane", die
1749 eröffnet, aus Mangel an nötiger Betriebs=Wasser=
kraft 1833 aufgegeben werden mußte. Jetzt ist in der
Nähe noch eine Schwerspatgrube in Betrieb.

Wandern wir nun auf der Chaussee weiter, so fällt uns nach etwa ¾ Stde. währender Wanderung an der rechten Seite in der Nähe einer Schutzhütte, jenseits des Flüßchens, ein grauer etwa 2 m hoher Stein in Form eines Eichenstumpfes auf, das „Lantzius=Denkmal", (errichtet 1887 zum Andenken an den Forsteleven Lantzius=Beninga, der am 17. Sept. 1867 bei der Verfolgung eines berüchtigten Wilddiebes hier von ruchloser Hand zum Tode verwundet wurde). Von dem Denkmal windet sich ein Fußpfad empor zum Kummelrücken (Kap. 3).

Auf der andern Seite der Chaussee bemerken wir die Halde der „Neuen Grube", des letzten Versuchsortes auf Kupfererze, und ihren tiefen Schacht (Vorsicht!). Wenige Schritte aufwärts gelangen wir an den Teichdamm des „Krummen Lutterteiches", der 1870 nach Aufgeben des Kupferbergbaues abgelassen wurde. Von hier aus können wir auch die Tafel mit der Inschrift „Schonung" auf dem Kummelrücken im großen Höllenthale erkennen. Weiter oberhalb im krummen Lutterthale befinden sich noch einige Schwerspatgruben. Wem es Vergnügen macht, kann die Chaussee weiter verfolgend, über die „Koboltsthaler Köpfe" nach Andreasberg wandern; wir kehren nach unserm Ausgangspunkte zurück.

Nicht alle Wege sind hier aufgezählt, die in der Nähe der Kupferhütte sich befinden; wer diese Gegend durchstreift, wird noch manchen schönen Weg, manchen schönen Punkt entdecken. Ueberall ist es hier schön!

9. Die Ruine Scharzfels.

Einst brandete auch am Südrande des Harzes Jahrtausende hindurch das Meer. Doch der Boden hob sich, das Wasser trat zurück.

Die Schichten der Zechsteinformation, die am südlichen Harzrande lagern oder auch schollenweis dem älteren Gebirge aufliegen, sind die Niederschlagsproducte jenes Meeres. Eine solche Scholle aus Dolomit ist es,

die auf steil aufragendem Felsen 120 m über dem Oder=
thale die Ruine der alten „Burg Scharzfeld" trägt.*)

„Burg Scharzfeld" ist älter als ihre Nachbarin
zu Lauterberg, ihr Ursprung ist ebenso dunkel. Gewiß
lud der unzugängliche freistehende Felsen zur An=
legung eines befestigten Platzes schon frühe ein. Daß
aber hier schon zu heidnischen Zeiten eine Befestigung
vorhanden gewesen, ist nicht nachzuweisen. Zweifelhaft
bleibt auch, ob in der Nachricht, daß Scharzfeld im
Jahre 952 an das Kloster Pöhlde (Palithi, einige
Zeit vorher gestiftet) von Kaiser Otto I. geschenkt
worden sei, die Burg gemeint ist. Sicher ist, daß die
Burg 1130 Reichsgut und somit der Graf Sigbodo,
der Stammvater der Grafen von Scharzfeld und der
von Lutterberg, direkter Lehnsmann des Kaisers wird.
Schon 1157 hört aber dieses Verhältnis auf, da Kaiser
Friedrich Rotbart die Schlösser Herzberg und Scharz=
feld, wie auch Pöhlde Heinrich dem Löwen überläßt.
Das Geschlecht der Grafen von Scharzfeld erlischt in
der Hauptlinie früher (vor Ende des 13. Jahrhunderts),
als die Nebenlinie der Grafen von Lutterberg, in deren
Besitz aber Burg Scharzfeld nicht gelangt. Vielmehr
befindet sich Scharzfeld, wie später auch Lutterberg bis
1593 in gräflich Hohensteinschem Besitz. Als durch
Tod des letzten Hohensteiners erledigtes Afterlehen fällt
auch Scharzfeld 1593 an Braunschweig=Grubenhagen.
Mit diesem Herzogtum gelangt 1617 auch die Grafschaft
mit der Festung Scharzfeld an die Lüneburg=Cellesche
Welfenlinie und somit an Hannover.

Eine Festung war damals die Burg und sie zählte
zu den festesten Punkten des ganzen Gebietes. „Die
Natur hat Alles gethan, um dies Schloß unnehmbar
zu machen, denn auf dem Gipfel des Waldberges tritt
an 40 Fuß hoch ein senkrechter Sandsteinfelsen hervor,

---

*) Burg und Geschlecht führten den Namen „Scharzfeld" oder
„Schartfeld". Im vorigen Jahrhundert taucht der Name „Scharz=
fels" auf.

der das Fundament der Burg bildet und nur auf
einer Stiege zu erklimmen ist. Da hilft weder Bresche
schießen, noch Minensprengen, nur Verrat oder Hunger
könnten dieses Schloß bezwingen." So urteilte 1841
der große Stratege Graf Moltke über den Scharzfels.

Zu Zeiten der Hohensteiner diente das Schloß
noch häufig zur Residenz, die Herzöge von Grubenhagen benutzten es hauptsächlich als Jagdschloß, nur
selten hielten die letzten Landesherren in seinen Mauern
sich auf. Im 18. Jahrhundert, als die kleine Felsen-
festung den veränderten Zeitverhältnissen gemäß an
Wert verloren hatte und als sie hauptsächlich als Ge-
fängniß benutzt wurde, bestand ihre Besatzung fast nur
aus Invaliden. Im siebenjährigen Kriege zweimal,
am 27. September 1757 und nach 10tägiger Belagerung
am 25. September 1761 von den Franzosen in Besitz
genommen, wurde das Schloß nach der zweiten Ein-
nahme von den Siegern zerstört, so daß jetzt außer
den in den Fels gehauenen Gängen und Gewölben
nur geringe Reste der alten Wehrstätte übrig ge-
blieben sind.

Schon im Anfang des vorigen Jahrhunderts hatte
sich die Burg auch zu einem Vergnügungsort für die
Bewohner der Umgegend entwickelt, die am Sonntag
dort oben an der Aussicht und an dem guten Getränke
sich erfreuten, denn die Invaliden brauten ein ganz
gutes Bier. Und wie der Dichter sagt:

„Unter demselben Blau, über dem nämlichen Grün
Wandeln die nahen und wandeln vereint die fernen Geschlechter,"

so zieht dieselbe Stätte jetzt auch noch der Menschen
frohe Scharen empor aus ihrem Alltagsleben mit
seinen Mühen und Sorgen, Hoffnungen und Wünschen,
um sie hinabschauen zu lassen von der Stätte der
Zerstörung auf die grünenden, segensreichen Fluren
des Lebens.

Am Oderthal gelegen, wird die Ruine am

schnellsten auch durch die thalwärts führenden Wege
erreicht. Die Bahn, die Chaussee und zwei Fußwege
stehen uns da zur Verfügung. Auf ersterer fährt
man bis „Zoll" oder „Scharzfeld". Von dem letzt=
genannten Bahnhof führt ein Weg auf der linken
Seite des „Hôtel Schuster" (Wegw.) durch hohen Buchen=
wald mit geringer Steigung uns in etwa 25 Min.
hinauf. Von der Haltestelle Zoll verfolgt man die
Chaussee weiter bis zum „Hôtel zum Scharzfels" von
Söhle, rechts vor diesem (Wegw.) geht es dann ent=
weder rechts durch Wald, oder gerade über die Trift
ebenfalls in 25 Min. hinauf.

Der erste Fußweg läßt den Bahnhof Lauterberg
zur Linken (Wegw.) und hält sich anfangs am Wald=
rande, dann zieht er sich durch die Aecker und Wiesen
der Aue immer geradeaus hin (schattenlos), bis er die
Chaussee erreicht. Dieser folgt man entweder bis zum
eben genannten Hôtel zum Scharzfels, vor dem man
rechts abbiegt, oder nur bis zum „Andreasbachthal", an
dessen Eingange links (Wegw. R.) ein anfangs auf=
steigender Fußweg sich abzweigt, der bald auf den vom
Zoll hinauf führenden Waldweg stößt (Wegw. R.).

Ist dieser Fußweg der nähere, so ist der auf dem
andern Oderufer sich hinziehende der bedeutend schönere.
Entweder über die „Königshütte" (Kap. 7) gehend,
oder vor ihr den Odersteg benutzend, oder vor dem
Lauterberger Bahnhof links an der Lutter, dann an
der Oder entlang wandernd, erreichen wir an der Königs=
hütter Wehrbrücke den Anfang des „Philosophenweges"
(Wegw.). Hart am felsigen Oderufer, zur Rechten die
tanzenden Wellen des rauschenden Flusses, zur Linken
die hochragenden Felsen der bewaldeten „Koldung" —
so zieht selbst an heißen Nachmittagen dichten Schatten
und erquickende Kühle spendend, der schmale Pfad am
Fuße der Koldung sich hin. Hinter der „Emma=Quelle"
steigt der Pfad am Felsen empor. Nur zierliche Farren=
kräuter können in den Spalten sich halten; an feuchten

Stellen überziehen grüne Moose, an anderen graue
Flechten das Gestein. Nach einer Biegung um einen
Felsenvorsprung (Aussicht) sehen wir die Oderfelder
Wehrbrücke vor uns. Damit verlassen wir den romantischen Philosophenweg, um entweder jenseits der Wehrbrücke die Chaussee weiter zu verfolgen, oder diesseits
an der Oderfelder Möbelfabrik vorbei — links mündet
der von der Kolbung herabführende Weg (Kap. 7) —
über die baumlose Odertrift hin wieder den Zoll zu
erreichen, von wo wir zur Ruine emporsteigen.

Treten wir nun in die Ruine ein! Graben und
Zugbrücke sind verschwunden; durch ein 1857 im alten
Stile neuerbautes Thor, geschmückt mit dem Wappen
des Herzogs Christian Ludwig von Celle (1648—1665)
gelangen wir an der Ostecke in die Niederburg. Früher
von einer Schutzmauer umgeben, deren Reste noch vorhanden sind, an den Ecken mit Geschützen bewehrt und
die eigentliche Kaserne tragend, ist jetzt der freie Platz
(an der linken Seite des Felsens) mit Anlagen geziert
und von einer Tannenhecke eingefaßt. Hinter dem Felsen
an der rechten Seite des Eingangs befand sich die
Sergeanten-Wohnung, an der dem Eingang entgegen-
gesetzten Seite die Stallung für den Kommandanten,
wo jetzt die Restaurationsgebäude stehen. An der rechten
Seite der Niederburg thürmen sich die unzugänglichen
Felsen der Hochburg auf. An sie gelehnt fällt uns das
neue Brunnenhäuschen mit dem alten 35 m tiefen Burg-
brunnen auf und die neue 1860/1 erbaute Freitreppe,
die mit ihren 49 Stufen uns zur Hochburg emporführt.

Wir gelangen zuerst an einen Felsengang, an dessen
Beginn rechts einige Stufen auf eine Plattform führen.
Eine am Felsen angebrachte, aus früherer Zeit stammende
eiserne Platte mit Inschrift ist fast das Einzige, was
die Bewohner der Umgegend nach der Zerstörung des
Schlosses von seinen beweglichen Trümmern übrig gelassen haben. Durch den Gang hindurch — rechts und
links kellerartige dunkle Wölbungen — gelangen wir in

den unteren Teil der Hochburg, der Kirche und Kommandanten = Wohnung trug, auch an seiner südlichen Ecke durch eine Bastion befestigt war. Dieser Teil weist noch die meisten Ueberbleibsel der alten Mauern auf. Ein Bogenfenster der Kommandanten-Wohnung (Aussicht) und die Bastion sind mäßig erhalten. Frisches Grün hat überall die alten Trümmer umsponnen und verdeckt sie für den ferner stehenden Beschauer vollständig. Die höchste Partie des Felsens läßt kaum erkennen, daß sie bebaut war. Trotz der geringen Breite standen hier oben das Zeughaus und das Gefängnis, sowie am äußersten Nordende ein runder unbedachter Turm mit zwei Kanonen.

Herrlich ist die Rundsicht, die von hier oben dem Besucher sich bietet: im Vordergrunde das Hôtel zum Scharzfels (Neuenfelde) und die „Domaine Scharzfels", links davon die freundlichen Dörfer Barbis, Bartolfelde und Osterhagen, dahinter die Berge des Eichsfeldes, nach rechts das Oderthal mit Scharzfeld, dahinter der Rothenberg mit Pöhlde. Stolz blickt Schloß Herzberg herüber, froh, daß es seinen ältern Nachbar überlebt hat. Bei klarem Wetter erscheinen am Horizont links der geborstene Turm des Kyffhäusers und der spitze Possenturm bei Sondershausen und rechts der Herkules von Wilhelmshöhe bei Kassel. Vom Gebirge sehen bekannte Höhen zu uns herüber. Der Knollen im Norden, der Ravenskopf im Osten dienen zur Orientirung, der Kummelturm zeigt uns die Lage Lauterbergs an. Im NO. ragt aus dem niedrigen Buchenwalde eine graue Dolomitklippe hervor, der „Frauenstein", in dessen Nähe ebenfalls einige Ruinen im Walde versteckt sind. Mitten im Buchen=Hochwalde lenkt im NW. eine grüne Wiese mit einem Hügel unsre Blicke auf sich. Ueber sie führt der Weg nach der „Einhornhöhle" (Kap. 10).

Ueber die grüne Trift zu unsern Füßen sehen wir rechts in beinahe westlicher Richtung einen schmalen Pfad bis an den Wald sich hinziehen. Diesen können wir, zurückkehrend nach Lauterberg, benutzen, wenn wir etwa 2 Stunden dazu verwenden wollen.

Vom Burgthor aus folgen wir einige Schritte der Ahornallee und biegen dann links über die Trift hin nach dem Walde ab, in der ursprünglichen Höhe bleibend (Wegweiser). Der schattige Waldweg, anfangs durch junges Gehölz, dann durch Hochwald, fast immer in derselben Höhe und Richtung, führt uns an das obere Ende des Reinebornthales. Von hier den Fußweg (Wegweiser) einschlagend, steigen wir in das Thal des Andreasbaches hinab, überschreiten ihn und die Chaussee (thalaufwärts am Bache alte Halde mit Flußspat) und auf der anderen Seite steigen wir hinter einem Gatter rechts die Wiese empor. Am Waldrande müssen wir wieder durch ein Gatter und nach wenigen Schritten sehen wir uns vor einem Tannengehölz an einer Weggabelung. Entweder verfolgen wir den Pfad rechts durch die Tannen (Wegw.), oder wir gehen links am Rande des Buchenwaldes entlang — in den Wald hinein führen einige Verbindungswege nach dem Knollenwege (Wegw. Kl., Kh., L.), der über Kupferhütte Lauterberg auch erreicht (Kap. 12). Auf beiden Wegen gelangen wir auf freies Wiesenterrain. Hinter ihrem Vereinigungspunkte tritt auch an der anderen Seite für kurze Zeit der Hochwald zurück und der bewaldete Gipfel des „Himmels" schaut zu uns herab.

Trennen wir uns vom „Himmel" und von seinem reizenden Blick über die grünen Bergwiesen und das in bläulichen Duft gehüllte Land, so haben wir nach einiger Zeit wieder die Wahl zwischen zwei Wegen. Der erste (links) führt uns mit der Aussicht auf den Hausberg hinab über Wiese in's „Haibeeksthal" und durch dieses in's Lutterthal (Kap. 8). Der zweite rechts bleibt länger im Walde und leitet uns durch die Felder des „Heikenbergs" an einem alten Steinbruche vorbei hinab auf die vom Bahnhof Lauterberg herkommende Straße, unmittelbar vor der festen Lutterbrücke.

Wer auf diesem eben beschriebenen Wege am „Himmel" vorbei in umgekehrter Richtung von Lauterberg nach der Ruine gehen will, biegt hinter der Lutterbrücke sofort rechts ab (Wegw.) und verfolgt die Fahrstraße, oder er wendet sich vor der Brücke rechts (Wegw.) im Lutterthal hinauf und steigt im Haibeek (Wegw.) links die Wiese empor. Vom „Himmel" geht er entweder links durch die Tannen (schmaler Fußpfad), oder etwas steigend am Rande des Buchenwaldes entlang (nicht rechts hinein. Wegw.). Der Steg über den Andreasbach befindet sich etwas unterhalb der Stelle, an der man vom Gatter aus die Chaussee erreicht. Ist man jenseits wieder auf der Höhe angelangt, so gehe man nicht geradeaus, sondern links. Plötzlich sieht man dann beim Hinaustreten auf die Trift die malerische Ruine vor sich.

----

10. Die Einhornhöhle und die Steinkirche.

Die Schichten der Zechsteinformation, die den südlichen Harzrand umgeben, sind reich an Höhlen, Grotten und Spalten, die durch Auswaschungen des Gesteins entstanden oder wenigstens erweitert worden sind. Hier finden wir, abgesehen von vielen kleineren „Zwerglöchern", die „Jettenhöhle" bei Düna zwischen Herzberg und Osterode, die „Tunnelhöhle" im Himmelreich zwischen Walkenried und Ellrich, das „Weingartenloch" bei Osterhagen, die „Einhornhöhle" und die Grotte der „Steinkirche" bei Scharzfeld.

Zu den bedeutendsten und interessantesten Hohlräumen im Gebirge gehören unstreitig die beiden zuletzt genannten. Die „Einhornhöhle" bei Scharzfeld ist schon lange bekannt und in früheren Jahrhunderten vielfach durchwühlt nach „unicornu fossile" (fossiles Einhorn), worunter wahrscheinlich fossile Knochen überhaupt, denen damals hervorragende Arzneikräfte zugeschrieben wurden, zu verstehen sind. In bedeutender Menge sind und werden noch Knochen und Zähne dort gefunden, mit denen früher ein schwunghafter Handel getrieben wurde, da sie ein unumgängliches Requisit jeder Apotheke bildeten.

Eine der ältesten Nachrichten über die Scharzfelder Höhle verdanken wir Leibniz (gestorben 1716). Nach eigener Anschauung giebt er von der Höhle eine im allgemeinen auch jetzt noch zutreffende Beschreibung, die er mit dem Ausdruck der Besorgnis schließt, daß die in ihr gefundenen merkwürdigen Knochen und Zähne, „da jeder nach Belieben danach gräbt," bald erschöpft sein dürften. Glücklicherweise hat sich diese Besorgnis nicht bestätigt und trotz der „Zerpulverung" wohl so manchen interessanten Fundes ist die Ausbeute der Höhle an fossilen Knochen noch sehr groß.

Wissenschaftlich durchforscht ist die Einhornhöhle zuerst 1872 von Virchow und Hostmann, jedoch ohne hervorragende Ergebnisse zu liefern. Von mehr Erfolg waren die Ausgrabungen und Untersuchungen von C. Struckmann in Hannover in den Jahren 1881 und 1882 begleitet, deren Resultate im „Archiv für Anthropologie" Bd. XIV und XV veröffentlicht sind. Neue Ausgrabungen haben im Jahre 1891 begonnen, deren bedeutende Funde die Provinzial-Regierung veranlaßt haben, den Oberförster von Alten auf Oberförsterei Kupferhütte mit der weiteren Durchforschung der Höhle zu beauftragen; 500 Mark sind zu dem Zweck in den Etat der Provinz eingestellt worden. Man ist nun dabei, den natürlichen Ausgang der Höhle zu suchen, und wahrscheinlich werden die Bemühungen mit Erfolg gekrönt sein. Durch die neuesten sehr interessanten Funde wird neues Licht auf die Geschichte der Höhle fallen.

Ursprünglich eine Gebirgsspalte ist die Einhornhöhle allmählich vom Gletscherwasser der Eiszeit unter

Mitwirkung der mitgeführten Geschiebe der Scheffel=
thalsköpfe und des Knollens ausgewaschen und erweitert
worden. Während der Perioden des Rückzuges des
Gletschers trocken gelegt, dient sie dem Höhlenbären
(ursus spelaeus) und anderen Raubtieren (felis spelaea,
canis lupus) zum Schlupfwinkel, die aber bald mit
dem sie besiegenden Menschen die Wohnung teilen
müssen, wenn sie nicht ganz verdrängt werden. Bei
Wiederkehr des Gletschers ergießt sich von neuem ein
tobender Gletscherbach durch die Spalten, zerbrochene
Knochen und Topfscherben weiterschwemmend. Nach=
dem die Eisbedeckung des Harzes dauernd geschwunden
ist, nimmt der Mensch wieder von der Höhle Besitz.
Als Jäger, dem noch nicht ausgerotteten Höhlenbären
nachstellend und den Tieren des Waldes, der nun den
Harz zu überziehen beginnt, benutzt er sie aber nur
vorübergehend. Eine lange Zeit folgt, in der keines
Menschen Fuß — wahrscheinlich nach Verschüttung
ihres Einganges — die Höhle betritt. Eine fußdicke
Stalagmitendecke konnte an günstigen Stellen auf dem
Höhlenlehm des Bodens sich ablagern.

Die Decke der Höhle stürzt ein. Wieder zugäng=
lich geworden, wird die Höhle die dauernde Wohn=
stätte eines armen Hirten= und Jägervolkes, das sich
in der Nähe der Deckenöffnung in ihr ansiedelt. An
der Erdoberfläche werden die Haustiere, Schaf, Ziege,
Rind und Torfkuh (bos brachyceros) gehalten. Der
Hund (Bronzehund canis matris optimae) begleitet
den Menschen auf die Jagd. Brauner Bär, Elen und
Ur werden gejagt, häufiger jedoch Wildschwein, Hirsch
und Reh. Den Fischen der wasserreichen Oder wird
mit Netzen nachgestellt. Roh, ohne Drehscheibe ange=
fertigt, ist das Thongeschirr; der bei weitem größte
Teil ist unverziert, die geringen Verzierungen werden
durch die Fingernägel oder Fingerspitzen oder durch
Einschnitte hergestellt. Einfach sind die Werkzeuge aus

Stein, Knochen oder Horn, aber sorgfältig vorbereitet und geglättet. Mittelst einer bequemen Handmühle (aufbewahrt im Provinzialmuseum zu Hannover) wird das Getreide zerquetscht. Zum Schmucke dienen Ringe und Spangen aus Bronze, seltener Perlen aus Bernstein.

So lebte der Mensch lange Zeit — durch weiteren Deckeneinsturz vergrößert sich von Zeit zu Zeit die obere Öffnung — vielleicht bis in die ersten Jahrhunderte unserer Zeitrechnung in der Einhornhöhle. Vielleicht diente sie ihm nicht nur als Wohnstätte, sondern auch gelegentlich als Grabstätte. Wahrscheinlich sah sie ihn nicht nur das getötete Wildpret verzehren, sondern auch den Leichnam des Feindes zu gleichem Zwecke herbeischleppen. Denn nicht gering ist die Anzahl der menschlichen Gebeine, die zerstreut zwischen den Tierknochen in den „Küchenabfällen" der Höhle gefunden worden sind. Unklar bleibt es, wie dieselben dahin gelangt sind, wenn man nicht annimmt, daß die Bewohner der Einhornhöhle, wie die Ureinwohner anderer Orte Europas der Anthropophagie gehuldigt hätten. Was nicht verspeist wurde, ward den Hunden vorgeworfen oder vergraben.

So manche Frage, die dem wissenschaftlichen Forscher bei der Untersuchung der Höhle aufstößt, kann noch nicht mit genügender Sicherheit beantwortet werden. Die Fragen ihrer endgültigen Lösung näher zu bringen, möge nach dem vielversprechenden Anfange der zur Zeit erfolgenden Durchforschung der Höhle gelingen. Die gemachten Funde werden an das Provinzialmuseum zu Hannover abgeliefert.

Die Einhornhöhle liegt im kavernösen Dolomit der Zechsteinformation auf der bewaldeten Höhe der „Brandköpfe" (auch Schneie genannt) in einer Höhe von 395 m über der Nordsee, 130 m über dem Thale der Oder, vom Bahnhof Scharzfeld in nördlicher

Richtung. Der Besitzer des Hotel Schuster hat sie gepachtet. Der Besuch der Höhle ist daselbst anzumelden. An Eintrittsgeld sind für eine oder zwei Personen je *M* 1,00 zu entrichten, mehrere Personen zahlen 75—25 ₰, Schüler 10 ₰. Ein Führer befindet sich gewöhnlich bei der Höhle, die mit Gas (Benzin) erleuchtet wird.

Vom Bahnhof Scharzfeld führt links von der Mühle (Wegw.) über die Wiese ein Weg hinauf in den Wald, durch den man rechts weiter schreitend (Wegw.) in etwa 25 Minuten an den Eingang der Höhle gelangt. Ebensoweit ist der Weg hierher von der Ruine Scharzfels (Kap. 9), der von dem Eingang der Ruine links durch den Wald in das Hasenwinkelthal hinabführt (Wegw.). Von diesem hinauf (Wegw.) und über eine inmitten mit einem Dolomithügel gekrönte Wiese erreicht man in kurzem wieder den an der Umfriedigung kenntlichen Eingang zur Höhle.

Der Eingang befindet sich am Rande des Hochwaldes. Einige Bänke und eine Schutzhütte laden zur Erholung und zur sehr empfehlenswerten Abkühlung ein, sollte man irgendwie erhitzt hier angekommen sein. Im Sommer ist die Temperatur in der Höhle eine bedeutend niedrigere, als die äußere Lufttemperatur. Im Juni kann man in der Vorhalle noch leicht Schneemassen antreffen.

Steigt man die 44 Stufen der Treppe hinab, so tritt man in die „Vorhalle" ein, die von oben her durch die Eingangsöffnung und durch eine Spalte Licht erhält. In ihrer Mitte erhebt sich ein Schuttkegel. Nach den neuesten Untersuchungen enthält derselbe zwischen den von der Decke herstammenden Blöcken auch deutliche horizontale Schichten von Küchenabfällen. Neben ihm befindet sich die alte Herdstelle. Seitwärts, rechts von der Treppe ist durch einen

niedrigen Gang die „Kapelle" mit der Haupthöhle
verbunden. Dort sind äußerst wichtige Funde gemacht,
auch andere sich anschließende Hohlräume entdeckt.
Dem Eingange gerade gegenüber gähnt schaurige Fin-
sternis uns entgegen. Durch den „Hauptgang", an dessen
Eingang rechts ein mächtiger Felsblock liegt, gelangen
wir in ein hohes Gewölbe, einem erhabenen Kirchendome
gleich, in die „Leibnitzhalle", die durch der Lampen
Schein kaum erhellt wird. Der niedrige „Bärengang"
leitet wieder in eine größere, seitliche Wölbung, in die
„Schillergrotte". Von dieser aus, hinter einer Wasser-
lache, verengt sich die Höhle mehr und mehr. Durch
Absprengungen ist der „Engpaß" erweitert, und durch
ihn hindurch erreichen wir die letzte erforschte Abtei-
lung, die „Karlsgrotte" mit ihren zahlreichen, zum Teil
noch unerforschten Spalten, Ausläufern und trichter-
förmigen Deckenlöchern.

Die Einhornhöhle erstreckt sich etwa 300 m weit,
im allgemeinen in östlicher Richtung in das oben mit
Hochwald bestandene Gebirge hinein. Tropfsteinbil-
dungen in ihr sind jetzt nur selten zu finden, die
meisten noch in den hinteren Räumen. Decke und
Wände sind mit einer dünnen Kalksinterschicht über-
zogen, die tropfenartige Erhöhungen, Ansätze zu Sta-
laktiten, trägt. Den Boden der Höhle bildet ein Lehm
von gelblich-bräunlicher Färbung, in den die Knochen
und Steine eingemengt sind. Hier gefundene Knochen
und Zähne sind am Eingange der Höhle oder auch im
Hotel Schuster käuflich zu haben.

In anderer Weise als die Einhornhöhle ist die
„Steinkirche" interessant. Auf der anderen Seite des
„Bremkethals", unmittelbar bei dem Dorfe Scharzfeld
liegt eine größere zusammenhängende Dolomitmasse,
deren schroffe Felsen am südlichen Abhange des Stein-
berges die Steinkirche umschließen. Nur eine, etwa
23 m tiefe Grotte in dem hier vielfach zertrümmerten

Gestein hat sie keine Ausbeute an fossilen Knochen
oder Artefakten, Zeichen ihres urzeitlichen Bewohnt=
seins, geliefert. Deutliche Spuren künstlicher Bearbei=
tung jedoch — eine Kanzel rechts, eine Nische links
vom Eingange, ein Falz für die Thorflügel, im Innern
Vertiefungen für Balkenköpfe und ein breiter erhabener
Altar (rechts) — lassen es wahrscheinlich erscheinen,
daß einst hier ein Klausner gehaust hat, um den die
Bevölkerung der Umgegend auf dem freien Rasenplatz
vor der Grotte sich versammelte. Ein (links) künstlich
in den Felsen gehauener Gang mit Nische führt hinauf
auf das Plateau, das an seiner südlichen, dem Dorfe
zugekehrten Spitze einige Mauerreste trägt. Wann
die Grotte als Kirche benutzt wurde, ist nicht festzu=
stellen. Die Sage führt ihre Entstehung auf Boni=
facius (gest. 755) und auf die ersten Anfänge des
Christentums in hiesiger Gegend zurück. Mag auch
Bonifacius selbst mit der Steinkirche in keinem Zu=
sammenhange stehen, so viel scheint sicher zu sein, daß
sie ein Denkmal aus den ältesten Zeiten des Christen=
tumes dieser Gegend ist.

Man erreicht die Steinkirche vom Dorfe Scharz=
feld aus. An dem unteren Ende dieses Ortes, wo
eine Brücke die Bremke überschreitet, wendet man sich
rechts, worauf man im Angesichte der Felsen an deren
linken Seite den Fußpfad hinauf verfolgt. Wer von
hier nach der Einhornhöhle will, steige ins Thal hinab
und verfolge das Bremkethal rechts aufwärts. Zuerst
durch Fichten, dann über Wiesen führt der Weg
(„Tilkensweg") in den Buchenwald hinein, in dem man
bald nach rechts abbiegend, die Einhornhöhle erreicht.

---

11. Der Ahrensberg.

Der „Ahrensberg", einer der besuchtesten Punkte
in der Umgebung Lauterbergs, liegt etwa 25 Minuten

südlich vom Wiesenbeekerteich als eine flachabgerundete
vorgeschobene Kuppe des Südwestharzrandes. Von
den das Bad Lauterberg umgebenden Höhen ist der
Ahrensberg trotz seiner mäßigen Höhe (487 m) fast
überall zu erblicken. Man erkennt ihn an seinem
kahlen Scheitel, auf dem nur einzelne schlanke Fichten
als untrügliches Merkmal hervorragen. Wegen der
bequemen meist schattigen Zuwegung, wie nicht minder
wegen der lieblichen Aussicht, die man von der Höhe
des Ahrensberges aus genießt, wird derselbe von den
Fremden, wie bereits angedeutet, sehr gern besucht.
Der Weg dorthin führt über den Wiesenbeekerteich.
Man läßt denselben zur Linken und geht den Teich=
damm entlang über den Steg der Ausflut. Auf einem
mit Steinstufen versehenen Pfade ersteigen wir die
Anhöhe und durchschreiten, indem wir uns erst links,
dann rechts halten, einen kleinen Tannenbestand. Ober=
halb der Wiesenflächen gelangen wir sodann durch
einen hohen Buchenwald auf die Anhöhe (Wegschilder).
Von hier aus führt ein Weg ins Winkelthal zum
Bahnhof Osterhagen. Wir betreten nach kurzem Vor=
wärtsschreiten den uns zur Linken gelegenen niedrigen
Buchenbestand, durch welchen sich ein Pfad (bei der
Gabelung rechts) am Abhang hinauf bis in den Hoch=
wald hineinzieht. (Hier mündet von links her ein
Weg von der „Hohen Thür“.) Den durch die hohen
Buchen rechts führenden schönen Waldweg verfolgen
wir, bis wir aus dem Walde heraustretend, einen
schattigen Eichenhain erreicht haben. Wir befinden
uns an einem Kreuzungspunkte. Zur Linken zieht
sich ein hübscher Weg in den Wald zur Paßhöhe der
„Hohen Thür“ (Kap. 12). Grade aus gelangen wir
hinunter ins Steinaer Thal, in welchem thalabwärts
das Dorf Steina liegt. Oberhalb des Ortes führt
ein bequemer Fußweg über den Brand nach Bad
Sachsa. Biegen wir unter den vorhin genannten

Eichen beim Kreuzungspunkte nach rechts um, so gelangen wir nach wenigen Minuten auf die freie Kuppe
des Ahrensberges. Von hier aus übersieht man bei
klarem Wetter den ganzen südöstlichen Harz, die Gegend
um Walkenried, die Ilfelder und Hohensteinischen
Berge mit den Ruinen des alten Hohenstein. Dahinter
erscheint trotzig der finstere Turm der Ebersburg,
ferner der Auersberg und ganz im Hintergrunde die
mächtige Warte des Kyffhäusers. Nordhausens Türme
zeigen sich inmitten der Landschaft, und eine große
Menge Dörfer liegen vor uns zwischen üppigen Saaten
und kleineren Waldkomplexen. Überall ist der Hinter-
grund mit schönen Bergen abgeschlossen, welche den
Höhenzug bilden, der den Vorharz mit dem Thüringer
Walde vereinigt. So erblicken wir nach Süden hin
den Ohmberg mit dem nach Bleicherode hinlaufenden
Gebirgszuge, und gegen Westen streift unser Blick an
den grauweißen Felsen der alten Burg Scharzfeld
vorüber nach den Höhen bei Göttingen. Der Blick
gegen Norden fällt auf den Harz.

Am Abhange der Kuppe befindet sich eine mit
bequemen Bänken versehene Schutzhütte (sogen. Harz-
köthe), in der wir uns behaglich niederlassen und einen
etwa mitgenommenen Imbiß verzehren können. Unweit
der Köthe erhebt sich eine einzelstehende Tanne, die
„Apfeltanne“. Treten wir an dieselbe heran, so
werden wir bemerken, daß der Stamm eines wilden
Apfelbaumes mit der Tanne in enger Verbindung
steht. Die Wurzeln beider Bäume sind ineinander
verschlungen; die Zweige des Apfelbaumes sind indes
verkümmert, da ein weiteres und freieres Ausbreiten
derselben durch die weit höhere Tanne verhindert wird.

Sofern wir nun nicht Lust haben, denselben Weg
zurückzugehen, können wir über die Kuppe hinweg,
einem Fußpfad entlang, durch die Gatterthür in das
am freien Abhange des Ahrensberges gelegene Thal

zum „Eulenstein" hinabsteigen. Rechts von diesem führt
ein Weg grade aus, das Winkelthal durchschneidend,
am Wolfshof vorbei auf die Höhe des „Kuhstalls"
(rechts ab über die Höhe zum Wiesenbeekerteich). Von
hier aus gehen wir dem Fußpfade nach, der uns
bald ins Wiesenbeek an der Halbmeisterei vorbei und
somit nach Lauterberg zurückbringt.

Die beschriebene Tour kann bequem in 2½ Stunden (ohne Aufenthalt) zurückgelegt werden.

---

12. Der Ravenskopf.

Unter den Ausflügen in Lauterbergs weitere Umgegend nimmt eine Tour nach dem „Ravenskopf" unstreitig eine der ersten Stellen ein; nicht nur, weil der
meist schattige Aufstieg zu diesem herrlichen Berggipfel in seiner Abwechslung der Naturschönheiten viele
bietet, sondern auch, weil der Aufenthalt auf dieser
bedeutenden Erhebung des Gebirges durch eine entzückend schöne Fernsicht auf den Harz und ins Land
hinein reich belohnt wird. Tausende von Touristen
und Ausflüglern besuchen daher im Laufe des Sommers mit Vorliebe den Ravenskopf.

Diese hohe Porphyrkuppe, an der schon vor
Jahrhunderten die Mönche des nahen Klosters Walkenried lohnenden Bergbau trieben, erhebt sich 660 m
über dem Meeresspiegel in östlicher Richtung von Lauterberg hart an der Grenze in der Provinz Sachsen; es
ist die bedeutendste Erhebung am Rande des Süd-
westharzes.

Um den Ravenskopf von Lauterberg aus zu erreichen, wählen wir den für Fußgänger bequemen
Weg, welcher am Wiesenbeekerteich vorbeiführt. Wir
umgehen denselben, indem wir ihn rechts liegen lassen,
bis zur Spitze, woselbst wir die im Wiesenbeek hinaufführende neue Chaussee soeben berühren. Dann wan-

dern wir auf dem Fußwege am Flüßchen entlang in
der Thalsohle aufwärts, durchschreiten nach wenigen
Minuten, uns rechts wendend, das Thal (Steg) und
gelangen, in den Hochwald eintretend, auf den Fahrweg, der uns in verschiedenen Windungen zur Paßhöhe der „Hohen Thür" führt. (Stein mit Weg-
bezeichnung, Schilder, Bank; Wasserscheide zwischen
Weser- und Elbgebiet.) Von hier aus zieht sich ein
Weg zur Linken in den Wald bis zum Kirchberg
(Kap. 6), rechts auf dem Rücken entlang treffen wir
auf eine Kreuzung; die rechte Gabelung führt am
Bergabhange hin auf den Weg Wiesenbeekerteich-Ahrens-
berg, die linke an der Steinaerthalseite in den Eichenhain vor dem Ahrensberge (Kap. 11). Den direkt
ins Steinaerthal hinabführenden Fahrweg lassen wir
rechts liegen und wählen, uns etwas links wendend,
den sanft abfallenden schönen Fußweg durch den hohen
Buchenwald. Aus diesem heraustretend, passieren wir
einen Steg über die Steina und erreichen, nachdem
die Chaussee, auf welcher man Stöberhai (Kap. 13),
sowie den Ravenskopf zu Wagen erreichen kann (siehe
weiter unten), gekreuzt ist, die im Mai 1892 errichtete Schutzhütte. Haben wir uns in dieser zu unserer
weiteren Wanderung genügend erholt, so betreten wir,
das Flüßchen überschreitend, und den alten, indes be-
schwerlicheren Aufstieg zum Ravenskopf im Hasselthal
hinauf rechts liegen lassend, den am Hasselthalskopfe
sanft aufsteigenden neuen Fußweg (an verschiedenen
Stellen Ruhebänke), der uns in mehreren Krümmungen
anfangs durch stark gelichteten Buchenwald, dann durch
einen kleinen Tannenbestand und schließlich wieder
durch Buchenwald auf freies Terrain, die Trift, bringt.
Die mit dichten Tannen bestandene Kuppe des Ravenskopfes liegt vor uns. Sofern wir so rasch als möglich ans Ziel gelangen wollen, biegen wir rechts in
die Tannen ein und benutzen den nach oben führenden

Zickzackweg, auf dem wir in etwa 15 Minuten den
Berggipfel mit dem Hotel erreichen. Wegen seines
steilen Aufstiegs ist diese letzte Wegstrecke indes nicht
für Jedermann zu empfehlen; weit bequemer, wenn
auch etwas länger, gehen wir, wenn wir die Trift
(den Tannenbestand zur Rechten) weiter verfolgen, bis
ein Weg rechts in die Tannen einbiegt. Nach wenigen
Augenblicken betreten wir einen breiteren von Bad
Sachsa heraufführenden Fahrweg, auf den nicht sehr
weit davon ein schöner erst in neuerer Zeit angelegter
Fußweg gleichfalls von dort heraufkommt. Der sauber
im stande gehaltene Fahrweg bringt uns recht bald
aufs Plateau und damit ans Ziel unserer Wanderung.
In $1^3/_4$ bis 2 Stunden läßt sich diese Tour bequem
zurücklegen. Will man den Ravenskopf zu Wagen
erreichen, was etwa 3 bis $3^1/_2$ Stunde in Anspruch
nehmen dürfte, so muß man die Route Lauterberg-
Osterhagen-Steina, im Steinaerthal hinauf (siehe vorhin) bis auf den Plan (auf dem ein Weg nach links zum
Stöberhai führt) und dann rechts an der Provinzial-
grenze entlang benutzen. Sind wir auf diesem Wege
am Fuße des Ravenskopfes angelangt, so bemerken
wir vor den einzeln stehenden Tannen einen Stein,
der die Grenze zwischen dem Herzogtum Braunschweig
und den beiden preußischen Provinzen Sachsen und
Hannover anzeigt. Vor dem Hotel (Besitzer: Gänse-
hals), dessen Ursprung in das Jahr 1854 fällt, erhebt sich ein gußeiserner Obelisk, den der frühere Wirt
(Kohlhaase) 1879 aus Anlaß des 25jährigen Bestehens
seiner Wirtschaft aufgestellt hat. Post- und Tele-
graphenamt befinden sich im Hotel; Böllerschüsse
(à 50 Pf.) verursachen ein herrliches neunfaches Echo.

Um die großartige Fernsicht zu genießen, besteigen wir den über das Dach des Hauses sich erhebenden Turm, woselbst ein gutes Fernrohr zur Verfügung steht. Das ganze Harzgebirge, im Südosten

bei Nordhausen beginnend, zieht sich vor unsern Blicken im weiten Halbkreise durch Norden bis nach Westen hin, während nach Süden und Südwesten das Auge die weite Ebene überschaut, bis in weiter Ferne der Thüringer Wald und rechts davon das Wesergebirge den Horizont begrenzen. Beginnen wir unsere Rundschau im Osten, so haftet unser Blick (über die Wiedaer und Zorger Berge hinweg) auf Hohegeiß, dem höchstgelegenen Dorfe des Harzes (642 m). Im Südosten erblicken wir auf waldiger Höhe die Ruine des Hohensteins und dahinter die Ebersburg. Rechts davon am Horizont erhebt sich der Kyffhäuser (bei klarem Wetter sehen wir etwas rechts seitwärts Nordhausen vorgelagert); in derselben Richtung weiter vor uns in der Tiefe liegt Walkenried mit den alten Klosterruinen (Kap. 18), und etwas links davon Ellrich mit einem Doppelkirchturm. Nach Süden zu überschauen wir den langgezogenen Rücken der Hainleite mit dem Possenturm und daran schließend die Eichsfelder Berge; hinter diesen Höhen erhebt sich der Thüringer Wald mit dem Inselsberg. Im Vordergrunde der Ebene bemerken wir den aus weißgrauem Gipsfelsen bestehenden Sachsenstein und rechts an seinem Fuße das Dorf Neuhof.

Gerade vor uns im Süden liegt der Ort Tettenborn und dahinter Mackenrode, während Bad Sachsa in der Tiefe hinter dem nahen Höhenrücken sich unsern Blicken entzieht. Rechts von dem Tannenbestande in der Ebene erhebt sich der kahle Felsen des Römersteins bei Nüxei. Westwärts schweift unser Blick über die mit zahlreichen Dorfschaften besäete Ebene hinweg bis zum Wesergelände. Der Meißner, der Habichtswald bei Kassel (bei hellem Wetter ist der Herkules auf Wilhelmshöhe zu erkennen) und die Gleichen bei Göttingen treten deutlich hervor und am Horizont erscheint als dunkler Streifen das Wesergebirge. Direkt

im Westen neben den Gleichen sieht man die Wasser=
fläche des Seeburger Sees glänzen. Wenden wir uns
nach Nordwesten, so schweift unser Auge über die
nahen Berge in Lauterbergs Umgebung, zwischen denen
sich das Oderthal hinzieht. Der untere Teil desselben,
an dem silberglänzenden Streifen des Oderflusses er=
kennbar, tritt bei Königshütte hervor und endet bei
der Domäne Scharzfels; rechts von dieser ragt aus
dem Walde die Ruine Scharzfels hervor. Mehr in
der Tiefe des Vordergrundes bemerken wir links vom
hohen Scholben ein Stück des Wiesenbeekerteiches.
Ueber Scholben und Kummel hinweg fällt unser Blick
auf den Aussichtsturm des hohen Knollens, und links
am Rande der Erhebungen schimmert das Schloß
Herzberg herüber.

Nach Norden zu schließt der langgestreckte Acker
mit der Hanskühnenburg den Horizont ab; rechts
daran setzt sich der Rehberg, vor dem die oberen
Häuser der Bergstadt Andreasberg sichtbar werden.
Sodann folgt die kahle, einem Schutthaufen gleichende
Achtermannshöhe, neben welcher der Vater Brocken
würdevoll sein Haupt erhebt. Vor demselben bemerken
wir, zum Oderthal steil abfallend, den hannoverschen
Jagdkopf im dunklen Tannenkleide. In nordöstlicher
Richtung ruht unser Auge auf dem zum Stöberhai
(Kap. 13) sich hinziehenden Plane; rechts von dem
dort in einer Lichtung erbauten Hotel scheinen die
Hohneklippen majestätisch herüber. Zwischen Stöber=
hai und Hohegeiß ragt der Ebersberg hervor. Die
Rundschau ist damit beendet.

Haben wir den Turm verlassen, so sind noch vier
in der Nähe des Hotels gelegene Aussichtspunkte zu
besuchen: 1) Der „Marschallplatz" mit schönem Blick
auf Brocken und Achtermannshöhe; 2) das „Drei=
gestirn zu Deutschlands Heil, Bismarck, Moltke, Roon,
1866, 1870 und 1871", von wo aus man die Gegend

um den Wiesenbeekerteich überschaut; 3) „Fritzens
Ruhe" und 4) „Wilhelmshöhe". Beide Punkte liegen
am Westabhange des Berges. Von „Wilhelmshöhe"
aus sieht man Bad Sachsa vor sich liegen.

Nach Lauterberg zurück wählen wir nicht den
direkten Weg, wie wir ihn vorhin beschrieben haben,
sondern statten dem eine Stunde entfernten Stöberhai
(Kap. 13) einen Besuch ab und kehren von da aus
auf einem andern Wege heim; oder, was ebenfalls sehr
zu empfehlen sein dürfte, wir steigen auf einem bequem
angelegten schönen Fußwege hinab nach Bad Sachsa,
indem wir nicht versäumen, auf dem am felsigen Vor-
sprunge des Schweinsrücken reizend gelegenen „Katzen-
stein" kurze Rast zu halten. Der Abstieg vom Ravenskopf nach Sachsa nimmt etwa 50 Minuten in Anspruch.
Von Sachsa aus können wir in ½ Stunde auf
gut chaussiertem Wege den Bahnhof Tettenborn-Sachsa
erreichen, wenn wir nicht vorziehen, den prachtvollen
Weg nach Kloster und Bahnhof Walkenried (Kap. 18)
einzuschlagen, der in 50 Minuten zurückzulegen ist.
Von beiden Stationen aus können wir die Rückfahrt
mit der Bahn nach Lauterberg antreten.

---

13. Stöberhai.

In nordöstlicher Richtung von Lauterberg hinter
der mächtigen Kuppe des hannoverschen „Jagdkopfes"
rechts vom Oderthal erhebt sich auf braunschweigischem
Gebiet der interessante Bergrücken des „Stöberhai" (Hai
d. i. Kohlstelle des Köhlers Stöber) zu einer Höhe
von 719 m. Auf dem Kamme dieses Rückens vereinigen sich Hauptwegzüge von den hervorragendsten
Ortschaften und Punkten der näheren und weiteren
Umgebung, so von Lauterberg, St. Andreasberg, Oderhaus, Braunlage, Walkenried, Wieda, Sachsa, Ravenskopf u. s. w.

Dieser Vorzug, sowie auch der Umstand, daß man von der Höhe des Stöberhai aus eine unvergleichlich schöne Fernsicht, namentlich auf den Oberharz genießt, hat diesen Punkt zu einem der frequentiertesten des gesamten Südharzes gemacht, und seitdem dort ein Hotel errichtet ist, das allen leiblichen Bedürfnissen in bester Weise Rechnung trägt, wächst denn auch die Zahl der Besucher auf Stöberhai von Jahr zu Jahr. Doch nicht etwa nur für Touristen und Ausflügler eignet sich diese Höhe als Zielpunkt der Wanderschaft, sondern namentlich auch für solche, die einen längeren Aufenthalt dort zu nehmen gedenken. Für diese kommt nämlich noch der günstige Umstand hinzu, daß man von Stöberhai aus auf den bewaldeten Höhen nach verschiedenen Richtungen hin stundenweit die herrlichsten und angenehmsten Spaziergänge unternehmen kann.

Das frühere Wirtschaftsgebäude, von einem Wirt aus Wieda erbaut, ist 1886 abgebrannt. Schöner und größer erhebt sich dort seit dem Jahre 1889 ein neues Hotel (Besitzer: Panse) verbunden mit einem Aussichtsturm; es ist nächst dem Brocken das höchstgelegene Hotel des Harzes.

Von Lauterberg aus führen vier Wege zum Stöberhai, die durchweg bequem angelegt sind. Wählen wir zu unserer Wanderung den bequemsten und gleichzeitig auch kürzesten Aufstieg! Derselbe führt im Oderthal (Kap. 5) hinauf bis zum Eintritt in das Herzbeek. Hinter einem größeren mit Bänken versehenen Ruheplatze biegen wir von der Chaussee aus rechts in das Thal ein und wandern, den Fluß immer rechts zur Seite, das kleine Herzbeek rechts liegen lassend, noch eine längere Strecke auf dem Fahrwege der Thalsohle hin. Dann zieht sich der Weg an Wiesen vorbei, am Abhange links in den Wald hinein. An verschiedenen Stellen gehen Wegzüge (so in den Tannen nach rechts) ab, wir schreiten indes, uns links

haltend, den Waldweg hinauf (überall Wegschilder und
Merkmale an Bäumen) an verschiedenen alten Meiler=
stellen vorbei. Etwa in halber Höhe des Bergab=
hanges durchschreiten wir nach rechts abbiegend das
Thal und wandern aufwärts bis zum freien Plateau
des „Lerchenplatzes" (Bank). Der Weg führt uns dann
links durch hohe Tannen (verschiedene Kreuzungs=
punkte; auf Wegweiser achten!) noch etwas höher auf
den Kamm, auf dem entlang gehend wir bald das
Hotel erreichen.

Ein zweiter ebenso bequemer, wenn auch etwas
längerer Weg, führt gegenüber vom Forsthaus Flöß=
wehr im Dietrichsthal hoch auf den Dietrichskopf
(Kap. 4). Bis zum Kreuzungspunkte auf demselben
muß man stets steigen, wandert aber fortwährend im
kühlen Waldesschatten. Vom Kreuzungspunkte (Schilder)
laufen verschiedene Wege aus, die (Kap. 4) bei dem
oberen Scholbenwege bereits beschrieben sind: Wir
folgen dem Wege bergauf, auf dem wir noch eine
kleine Steigung zu überwinden haben, und lassen
dann den Quitschenkopf (Aussichtspunkt) rechts liegen.
Auf unserer weiteren Wanderung stoßen wir wenig
Schritte links vom Wege ab auf den Aussichts=
punkt „Hassenstein". Es ist dies ein zu Thal vor=
springender Felsen, von dem aus wir den Oberharz
mit Brocken und umliegenden Höhen sehr schön über=
schauen können. Ein in früheren Jahren in Lauter=
berg anwesender Forstmeister, Namens Hassenstein, hat
die Aussicht auf diesem Punkt erschlossen, den Platz
mit Bänken versehen und demselben den Namen ge=
geben. Nach kurzer Rast brechen wir auf und wan=
dern weiter rechts am Hochwalde entlang (nach links
durch den Tannenbestand mehrfach Durchsicht auf
Knollen, Acker u. s. w.). Haben wir weiterhin den
niedrigen Buchenbestand durchschritten, so treten wir in
einen prächtigen hohen Tannenwald, den „Bramforst",

ein. Der Weg in demselben, welcher sich mehrere
male kreuzt (Wegschilder), führt in den oberen Teil
des Steinaer Thals. Den Bach überschreitend, erreichen wir bald den auf dem Plane von rechts herkommenden Weg vom Ravenskopf; dann steigen wir links
eine Anhöhe hinan und langen nach etwa 10 Minuten
aus den Tannen heraustretend auf Stöberhai an.

Die im Vorstehenden beschriebenen beiden Wege
lassen sich in 2¼ Stunde zurücklegen; der dritte nimmt
nahezu ¼ Stunde Zeit mehr in Anspruch. Derselbe
beginnt bei der auf dem mittleren Scholbenwege (Kap. 4)
belegenen Prinzenquelle. Man steigt von hier aus
zum oberen Scholbenwege und verfolgt denselben bis
zum Dietrichskopfe, wo er sich mit dem von Flößwehr
heraufkommenden vorhin angegebenen Wege vereinigt.
Dieser Weg dürfte seiner Bequemlichkeit wegen, sowie
auch mit Rücksicht auf den stets schattigen Wald, durch
welchen man geht, zu empfehlen sein.

Der letzte Aufstieg zum Stöberhai zieht sich nach
Ueberschreitung der „Hohen Thür" im Steinaerthal
hinauf (Kap. 12) bis auf die Höhe, von wo aus wir
auf dem zweiten Wege (siehe vorhin) das Hotel
erreicht haben. Dieser Weg ist länger wie die übrigen,
wird aber von rüstigen Fußgängern gern begangen.
Auch kann man auf diesem Wege zu Wagen bis nahezu
an den Fuß des Stöberhais (10 Minuten vom Hotel)
gelangen.

Das Hotel, welches frei in einem Aushau oben
auf dem Kamme des Stöberhai errichtet ist, verschafft
uns einen angenehmen Aufenthalt. Post und Tele-
graph befinden sich im Hause und zwar das ganze
Jahr hindurch; eine amtliche Fernsprechstelle nach
Kloster Walkenried, Wieda und Zorge ist eingerichtet,
sowie eine Unfallmeldestelle für die Nachtzeit. Morgens
und Nachmittags findet Postbestellung von Wieda
aus statt.

Besteigen wir nunmehr im bequemen Treppen=
haus hinauf den über das Dach hinausragenden Aus=
sichtsturm, um uns an dem großartigen Panorama
zu erfreuen, welches ähnlich dem auf dem Ravenskopfe
ist, nur daß hier das Harzgebirge in seiner Groß=
artigkeit noch mehr hervortritt. Nahezu im Norden
ruht unser Auge auf der hehren Gestalt des Vater
Brocken, auf dem man die Gebäude deutlich erkennen
kann; rechts daneben schließt der Wurmberg bei Braun=
lage den Horizont ab. Daneben treten im Nordosten
die Hohneklippen hervor, die sich nach dem Elbinge=
roder Feld hin abdachen. Wenden wir uns mehr
nach Osten zu, so bemerken wir am äußersten Rande
des Gebirges die Ortschaft Hüttenrode. Ganz im Osten
steigt Viktors Höhe vor uns auf und in geringerer
Entfernung von uns erblicken wir die hochgelegene
Restauration „Carlshaus“ bei Hasselfelde. Südöstlich
treten die Stolberger Berge und vor allen der Kyff=
häuser und die Rothenburg bei Kelbra hervor. Daran
setzt sich durch Süden ziehend der langgestreckte Rücken
der Hainleite mit dem Possenturm, hinter der die
Thüringer Berge mit dem Inselsberge hervorragen.
Weiter nach rechts erheben sich die Ohmberge, und
nach Südwesten gekehrt lassen sich die Weserkette,
der hohe Meißner und der Habichtswald bei einiger=
maßen klarem Wetter leicht erkennen. Im Westen er=
heben sich vor uns die Gleichen bei Göttingen; bei
heller Witterung spiegelt sich auch hier die Wasser=
fläche des Seeburger Sees. Weiter rechts wird die
Fernsicht durch den vorgelagerten Bramforst gehemmt.
Am nordwestlichen Horizont zieht sich der lange Acker
mit der Hanskühnenburg hin, an den unmittelbar der
Bruchberg anschließt. Fast im Norden ist diesem vor=
gelagert der Rehberg, dem gegenüber die steilauf=
steigenden Hahnekleeklippen sichtbar werden, welche mit
jenem den obern Teil des tiefen Oderthals umgrenzen.

Etwas links vor dem Brocken genau im Norden erkennen wir auch hier an der kahlen Kuppe den Achtermann; zwischen ihm und dem Brocken breitet sich der
kleine Brocken aus.

Nehmen wir eine nochmalige Rundschau vor,
indem wir unser Auge über die nähere Umgebung
schweifen lassen, so bemerken wir am Fuße des Wurm-
berges die Glashütte bei Braunlage. Die starke Erhebung in östlicher Richtung ist der Ebersberg, den
Harzort Benneckenstein verdeckend. Rechts davon auf
einem Plateau dehnen sich die Häuserreihen von Hohegeiß aus; dann folgen die Zorger Berge, neben welchen
der Blick ins gesegnete Thal der goldnen Aue fällt.
Nordhausen und viele Dörfer der Ebene treten vor
unser Auge. Wenden wir uns wieder nach Süden,
so erheben sich in der Tiefe vor uns die altersgrauen
Ruinen des Klosters Walkenried mit dem Röseberg,
an dem sich rechts die weiße Wand des Sachsensteines
anschließt.

Im Hintergrunde der herrlichen Landschaft vor
der Hainleite ist das wegen seiner Leinwandbleiche
bekannte Dorf Bleicherode erkennbar. In größerer
Nähe rechts seitwärts erhebt sich vor unserm Auge
der dunkle Rücken des Ravenskopfes, der mit seiner
freien Kuppe grüßend zu uns herüberschaut. Der
Verbindungsweg zu ihm auf dem Plane entlang ist
deutlich wahrzunehmen. Rechts neben den dunklen
Tannenwaldungen der Bramforst steigt der hannoversche
Jagdkopf (714 m) empor (dort herrlicher Blick auf
das Oderthal und Brockengebiet, der Aussichtspunkt
ist am besten vom Hotel aus in 15 Minuten zu
erreichen).

Links seitwärts vom Rehberge nach Nordosten
zu tauchen zwischen grünen Wiesenflächen die letzten
Häuser der Bergstadt St. Andreasberg auf (namentlich
Jordanshöhe und Glockenberg mit Turm). Ebenfalls

sind die von Andreasberg ausgehenden Bergstraßen nach Sieber, Clausthal, Braunlage und Oderbrück wahrzunehmen. Mehr im Vordergrunde tritt der Breitenberg hervor, der mit seinem Fuße im Oderthal ruht. Unmittelbar vor uns fällt der Bergsattel steil in das Franzosenthal ab, welches deshalb so genannt ist, weil während der Kriegsjahre die Einwohner der Umgegend ihr Hab und Gut in diese Bergeinsamkeit flüchteten. Südöstlich breiten sich zu unsern Füßen die Berge und Felder vom braunschweigischen Dorfe Wieda aus; davor erscheint das „düstere Thal".

Steigen wir nunmehr von dieser hohen Warte herab, um den Rückweg anzutreten. Wollen wir nicht einen von den vorhin beschriebenen Wegen direkt nach Lauterberg einschlagen, so ist der Weg zum Ravens=kopf über den Plan (1 Stunde) zu empfehlen; auch der Abstieg nach Wieda auf einem in gleichmäßigem Gefälle angelegten 1½ m breiten Wege (³/₄ Stunden) und weiter auf der Chaussee nach Walkenried (noch 1¼ Stunde) wird oft benutzt.

Braunlage ist in 2½ Stunde zu erreichen; der Weg führt an der braunschweigisch=hannoverschen Landes=grenze entlang. Nach Oderhaus führt ein Fußweg ins Oderthal hinunter über die Oderthaler Sägemühle (1½ Stunde); von Oderhaus bis Andreasberg (Kap. 15) ist Chaussee (noch 1½ Stunden). Bad Sachsa ist 1½ Stunde entfernt.

Zum Schlusse sei bemerkt, daß sich die Tour Lauterberg=Stöberhai mit derjenigen nach dem Ravens=kopf leicht vereinigen läßt. Für gewöhnlich besucht man erst Stöberhai, geht dann auf dem mehrfach er=wähnten Plane entlang nach dem Ravenskopf und kehrt von da nach Lauterberg zurück. In einem halben Tage ist diese Tour zu machen.

6 *

14. Der Knollen.

Der „große Knollen", 687,3 m hoch, ist nach Stöberhai und Jagdkopf die höchste Erhebung unseres Gebietes. Im westlichen Teile desselben zwischen den Hauptthälern der Sieber und der Sperrlutter gelegen, überragt er dort alle andern Bergzüge. Deshalb ist auch von ihm die Aussicht auf das Gebirge bedeutend und umfangreich und die Mühe des Aufstiegs sehr lohnend. Der neue Aussichtsturm (1890 von den Harzklub = Sektionen Lauterberg und Herzberg unter Beihülfe der Zentralkasse erbaut und am 15. Juli desselben Jahres eingeweiht) ermöglicht auch den Blick auf die nächste Umgebung, über die grünen Triften der Bergrücken und die tiefeingeschnittenen Seitenthäler. Seiner herrlichen Aussicht wegen verdiente der Knollen häufiger besucht zu werden. Eine Hütte auf dem Gipfel in der Nähe des Turmes gewährt Schutz gegen die Unbilden der Witterung. In 2—2½ Stunden läßt sich von Lauterberg aus für Fußgänger die Aussicht vom Knollen gewinnen; doch dürfte es geraten sein, sich mit etwas Proviant zu versehen, da auf dem Gipfel nur selten Erfrischungen käuflich sind.

Die meisten Wege von Lauterberg nach dem großen Knollen gehen vom Lutterthale aus. Früher oder später führen sie vom Thale auf die Höhe. Man folgt dem über die „Kupferrose" (Kap. 8) führenden Wege nach Kupferhütte. Unmittelbar vor dem Gatter mit der Pendelthür zweigt sich der Knollenweg ab (Wegw.). Von Kupferhütte selbst (Kap. 8) gelangt man hierher, indem man links hinter der festen Brücke mittelst des Steges die gerade Lutter überschreitet und dann linksbiegend dem Fußpfade folgt. Nach einigen Minuten erreicht man, immer links sich haltend, das Gatter. Hinter diesem (Wegw.) führt der Pfad bergauf.

Bald passiert man wieder ein Gatter. Rechts von diesem steigt der Weg im Walde in Serpentinen empor (Wegw.). Dann fast geradeaus, die grünen Wiesen des „kleinen Scheffelthales" zur Rechten lassend, erreicht er mit geringer Steigung am Ursprunge dieses Thales an einem Gatter die Höhe (450 m). Hier mündet von links ein durch den Fichtenbestand herkommender Weg, der vor der Kupferrose beginnt (Wegw.) und durch das Gatter über zwei Waldwiesen in dem Thal zwischen dem kleinen und großen Heibeckskopf emporführt.

Rechts (Wegw.) setzt sich über die Wiese etwas bergauf (Bank, Aussicht) der Weg in dichtem Buchenhochwald fort. Oberhalb des großen Scheffelthals auf dem Porphyrboden der Scheffelthalsköpfe nimmt im Tannenwalde von links (Wegw.) der Knollenweg den vom „Himmel" und Lauterberg herführenden Verbindungsweg auf (Kap. 9).

Geradeaus (Wegw. Kl.) weiter geht es nun mit geringer Steigung auf die Großenthalsköpfe und von diesen auf die Trift mit dem Aussichtspunkt „Friedrichshöhe" (Bank). Die Trift entlang gehend, erblickt man von den Bärenthalsköpfen aus endlich das Ziel mit seinem weithin sichtbaren Turm. Auch der Brocken zeigt sich, wird jedoch bald durch die Hübichenthalsköpfe wieder verdeckt, die auf ihrer linken Seite umgangen werden. Plötzlich taucht die mit Rottannen bestandene Porphyrkuppe des großen Knollen vor dem Wanderer auf (Bank).

An dieser Stelle erreicht, von rechts kommend, noch ein dritter Fußweg, dem Knollenthale folgend, die Höhe (650 m). Dieser verläßt das gerade Lutterthal (Kap. 8) an der Knollenbuche (Wegw.) unmittelbar unter dem Knollen, dessen Turm über die Bäume ins Thal hinabschaut. Zuerst rechts vom Bache steigt er schnell empor. Auf die andre Seite übergehend, an

alten Eisensteinsgruben vorbei (Vorsicht), stößt er auf
den Hauptweg unmittelbar unter der Knollenkuppe.

Nun beginnt der eigentliche Aufstieg. Durch die
Tannenschonung mit freiem Ausblick auf das Gebirge
verläuft der Weg bis vor die den Turm tragende
Spitze gerade aus. Im Zickzack leitet ein neuer
schmaler Fußpfad zum Turm durch die dichten Tannen
hinauf. Vor diesen biegt ein bequemerer Weg rechts
ab, der, den Gipfel des Knollens umgehend, zuerst
sich mit dem von Sieber, dann nach einer Linksbiegung
sich mit dem von Herzberg heraufführenden Wege vereinigt. Links erhebt sich der Turm.

Steigen wir noch die 45 Stufen des Turmes
hinauf, so breitet vor unsern Blicken eine großartige
Gebirgslandschaft sich aus. Bergkuppe reiht sich an
Bergkuppe, Bergzug an Bergzug und Thäler wechseln
mit Höhen. Der Horizont wird im NW. und N. begrenzt durch den langen Rücken des „Acker" (800 bis
866 m hoch) mit den Quarzfelsen der „Hanskühnenburg" und dem schlanken Aussichtsturm und durch
den „Bruchberg" (926 m hoch). Im NO. erhebt sich
der Vater „Brocken" (1142 m hoch), leicht kenntlich
an dem einsam auf kahler Höhe stehenden Brocken-
hause. Auf ihn folgt nach rechts, getrennt durch das
Thal der kalten Bode, der 968 m hohe „Wurmberg"
bei Braunlage. Der östliche Horizont wird von dem
Rücken des Jagdkopfs und dem Stöberhai gebildet.
Der „Kyffhäuser", die Thüringer- und die Weser-
Berge umrahmen das Bild von Südosten, Süden
und Westen.

Herzberg mit dem Silberspiegel des „Jüs", das
Herzberger Schloß und das flache Oderthal mit dem
langen „Rotenberge" dahinter (SW); die Felsen der
Ruine „Scharzfels" und ihr gegenüber die Warte (S);
der lange „Scholben", über den noch der „Ravenskopf" sich erhebt, vor ihm der „Kummel" mit seinem

Turm und rechts davon die Turmplatte des „Haus=
berges", zwischen beiden die Wiesen des „Kirchthals"
bei Lauterberg (SO); die höher gelegenen Teile der
Bergstadt St. Andreasberg mit den frischen Wiesen
der „Jordanshöhe" und dem dahinterliegenden tannen=
dunklen Rehberge überragt vom fernen Brocken und
davor die Koboltsthaler Köpfe (NO) — dieses sind die
hervorragendsten Punkte der nähern Umgebung des
Knollens.

Nach Osten blickt man hinab bis auf die Sohle
des tiefen Knollenthales auf die an seiner Mündung
in das gerade Lutterthal stehende mächtige Knollen=
buche. Freundlich umrandet vom Walde liegen die
auf den Bergrücken sich hinziehenden Triften da: die
Knollentrift im Süden, nach dem „kleinen Knollen"
führend, die nach dem hohen Felde im Norden sich
erstreckende und die im Südosten über die Bärenthals=
köpfe verlaufende Trift. So schweift das Auge aus
der Ferne in die Nähe, häufig haften bleibend an so
manchem malerischen Punkt.

Zum Abstiege vom Knollen stehen uns wieder
mehrere Wege zu Gebote. Wer nicht nach Lauterberg
zurückkehren will, hat noch zwischen zwei Wegen die
Wahl, von denen beide in das Sieberthal (Kap. 17),
der eine nach Sieber, der andere nach Herzberg führen.
Vom Turme aus folgt man anfangs dem breiten
Wege abwärts, von dem nach Sieber und Lauterberg
(Wegw.) bald rechts der Weg sich abzweigt, während
der nach Herzberg führende (Wegw.) geradeaus sich
fortsetzt. Der letztere erreicht bald die Knollentrift
und folgt dieser bis zu ihrem Sattel. Dann sich
rechts wendend, führt er beim „Rinderhagen" in
kurzem auf die neue vom Andreasbachthal herauf=
kommende Knollen=Chaussee. Jenseits dieser (an einer
Baumschule vorbei) geht es weiter bergab nach Herz=
berg. Links die Chaussee verfolgend, würde man

oberhalb der Haltestelle Zoll das Oderthal erreichen.
Rechts dagegen gelangt man auf die vom Hohen Felde
herkommende Trift und somit auf die von Lauterberg
(rechts) nach Sieber (links) führende Chaussee (Schutz=
hütte, Wegw.). Der etwas steile, auch feuchte Fuß=
pfad nach Sieber endet ebenfalls auf dieser Trift.

Da die genannten Chausseen in großer Nähe des
Knollens den Höhenzug überschreiten, so kann dieser
empfehlenswerte Aussichtspunkt auch mittelst Wagen
erreicht werden. Entweder das gerade Lutterthal auf=
wärts oder im Oderthal abwärts und dann das
Andreasbachthal hinauf fahrend, kann man mit dem
Wagen bis zu der Kreuzungsstelle mit dem Herzberger
Fußwege (Rinderhagen) gelangen, von wo aus der
bequeme Aufstieg zum Knollen in 15—20 Minuten
bewerkstelligt werden kann.

---

15. Bergstadt St. Andreasberg.

Diese (12 km weit) fast nördlich von Lauterberg
gelegene Stadt verdient in der That „Bergstadt" ge=
nannt zu werden. In mehrere kleine Thäler sich aus=
breitend, an die Berge gleichsam angeklebt, und sich
amphitheatralisch übereinander erhebend, sehen wir die
meist kleinen Häuser von Holz erbaut, umgeben von
einem Kranze grüner Wiesen. Feld= und Gartenbau
hört hier eigentlich auf; die Obstbäume kommen nur
schwer fort. Die Vegetation ist im Frühjahr gegen
Lauterberg um etwa 14 Tage zurück. Der Winter
ist strenge; im Sommer dagegen hat man hier eine
reine, dem menschlichen Organismus sehr zuträgliche
Luft, weshalb der Ort von vielen Fremden, nament=
lich Lungenkranken, mit Vorliebe besucht wird.

„St. Andreasberg", seinen Namen von der Grube
St. Andreas=Kreuz tragend, hatte vor 50 Jahren etwa

4100 Einwohner, jetzt aber, wo wegen der Einschrän=
kung des Bergbaues viele Bergleute ausgewandert sind,
nur noch 3400. Neben dem Bergbau, der immerhin
noch viele Einwohner beschäftigt, finden andere durch
Rindviehzucht, Vogelhandel, in Möbel= und Zigarren=
fabriken, Holzschneidereien u. s. w. ihre Ernährung.
Viele Frauen und Mädchen finden außerdem durch
Spitzenklöppeln lohnenden Verdienst.

Der Bergbau um St. Andreasberg ist sehr alt
und sicher schon im Anfange des 15. Jahrhunderts
im Betriebe gewesen (die Erbauung der Stadt selbst
fällt in das Jahr 1521). Im Anfange des 16. Jahr=
hunderts scheint der Bergbau eine zeitlang aufläffig
gewesen zu sein, bis etwa um 1520 aus Sachsen Berg=
leute einwanderten und denselben wieder aufnahmen.
Ums Jahr 1550 werden 195 Zechen genannt; jetzt
sind nur noch wenige im Betriebe, deren bedeutendste,
die tiefste des Harzes, die Grube Samson (884 m tief)
ist. Auf derselben ist seit dem Jahre 1838 eine Ma=
schine, die sog. Fahrkunst, angelegt, die dem Bergmann
das Ein= und Ausfahren sehr erleichtert.

Um von Lauterberg aus der Bergstadt St. An=
dreasberg mit ihrer Umgebung einen Besuch abzu=
statten, wird für gewöhnlich die durch das Thal der
Sperrlutter, welches sich oberhalb vom Bahnhof
Oderthal abzweigt, führende Eisenbahn benutzt. Der
„Bahnhof St. Andreasberg" liegt 2½ km unterhalb
der Stadt; die Hotels (Hotel Rathaus, Hotel Schützen=
haus, Hotel und Pensionshaus Böttger, Hotel
Busch, Bergmanns Hotel) senden zu jedem Zuge ihre
Wagen. Sonst kann man auch den Aufstieg nach
der Stadt zu Fuß unternehmen; entweder auf der
Chaussee, im „grünen Jäger" (steil und schattenlos),
im Knieholz (führt hinter dem Bahnhof rechts von
der Chaussee im Tannenwalde hinauf bis auf die Höhe
über den Glockenberg; zu empfehlen), oder in dem

unterhalb des Bahnhofs sich abzweigenden Wäsch=
grund (Umweg) hinauf. Recht oft wird die Fahrt
nach St. Andreasberg auch zu Wagen unternommen.
Alsdann verbindet man aber für gewöhnlich damit
eine Tour über den Rehberger Graben nach dem
Oderteich und kommt über Oderhaus (Kap. 16) im
Oderthal nach Lauterberg zurück (Tagestour); auch
wird diese Fahrt sehr oft umgekehrt gemacht. Als
sonstige Wagentouren von Lauterberg aus sind zu
empfehlen: 1. Im Thal der Sperrlutter hinauf bis
zum Bahnhof St. Andreasberg, links über den Berg=
sattel ins Sieberthal, über Sieber, Knollen resp. Herz=
berg zurück. 2. Im Thal der Sperrlutter hinauf,
über Andreasberg, Sonnenberg, Schluft, ins Sieber=
thal, wie vorhin zurück, oder 3. von Andreasberg über
den Rehberger Graben, Oderteich, Sonnenberg und
weiter, wie vorhin.

Aus der Umgebung von St. Andreasberg sind
besonders folgende bemerkenswerte Punkte hervor=
zuheben: Unweit des Bahnhofs liegt die im Jahre
1690 erbaute „Silberhütte", auf der alle Andreas=
bergschen Silbererze verschmolzen werden. In der
Umgebung dieser Hütte spürt man einen knoblauch=
artigen Geruch, welcher von den arsenikhaltigen Erzen
herrührt, die dort geschmolzen werden.

Vom oberen Ende der Stadt führt uns ein Weg
über eine Anhöhe zum „Rehberger Graben" (2 Stun=
den lang). Dorthin werden von Andreasberg aus die
meisten Ausflüge unternommen. Man wandert immer
an einem Wasserlauf gleichen Namens (angelegt in
den Jahren 1696—1714) entlang, der sein Wasser
aus dem Oderteich erhält und dasselbe sämtlichen
Gruben und anderen industriellen Werken von Andreas=
berg zum Betriebe zuführt. Das abfließende Wasser
nimmt unterhalb Andreasberg die Sperrlutter auf.
Die Wanderung auf dem Graben ist höchst roman=

tisch; prächtige Felspartien, steile Abhänge mit Gra-
nitblöcken, welche starken Fichten zum Standpunkt
dienen, gewähren einen imposanten Anblick. Der Graben
zieht sich an dem über ½ Stunde von Andreasberg entfernten „Grabenhause" (Wohnung des Grabenaufsehers,
wo man Erfrischungen erhalten kann) vorbei bis zu dem
„Oderteich". Dieses große Wasserbecken ist 1633 m
lang und 150 m breit. Der Damm, von Granit-
quadern und Granitgrus aufgeführt, 28 m hoch und
102 m lang, wurde zu gleicher Zeit mit dem Rehberger Graben angelegt. Er sperrt das obere Thal
der Oder ab; sein Flächeninhalt beträgt 86 hannöversche
Waldmorgen (22 ha). Die Oder und die den umgebenden
Bruchflächen reichlich entströmenden Quellen speisen
ihn mit Wasser. Am Oderteich vorbei führt der Weg
über Oderbrück zum Brocken (Kap. 20). — Zu empfehlen
ist der Aufstieg vom vorhin genannten Grabenhause
zu den hohen „Rehberger Klippen" (herrliche Aussicht
auf Brocken, Achtermann und Wurmberg; jenseits des
tiefen Oderthals zu unsern Füßen die steilaufsteigenden
Hahnenklee-Klippen) und der Wulfs-Schurre. Den
Rückweg nehmen wir direkt von den Klippen hinunter
auf den Rehberger Graben, am Grabenhause vorbei,
bleiben aber auf der Chaussee (rechts) und besuchen
Jordanshöhe. Von hier aus verfolgen wir die Chaussee
abwärts, biegen dann rechts ab auf einen durch Wiesen
führenden Fußweg, lassen den „Hülfegottesteich" links,
die hohe Halde der Grube Neufang rechts liegen und
treten auf den freien Platz der „Grube Samson" (Besuch empfehlenswert). Von hier aus ist die Stadt
durch die „Kuranlagen" leicht wieder zu erreichen.

16. Oderhaus.

Auf unserer Wanderung in die Umgegend von Lauterberg dürfen wir nicht versäumen, das Thal, welches uns von Anfang an orientierend zur Seite gestanden hat, in seiner weiteren Ausdehnung näher kennen zu lernen. Es ist dies das Oderthal, von dem schon in verschiedenen Kapiteln die Rede gewesen ist, doch beschränkten sich die bisher gemachten Angaben mehr auf den näher liegenden Teil desselben. Dieses Thal, welches tief in den Südweſtrand des Harzgebirges eindringt, zeigt indes einen solch abwechslungsreichen, hervorragend romantischen Charakter, daß es sich wohl der Mühe verlohnt, einen Ausflug — sei es zu Fuß oder zu Wagen — dorthin zu unternehmen.

Das „Oderthal", so genannt nach dem Oderflusse, zieht sich von Lauterberg aufwärts, anfangs in nordöstlicher, von der Oderthaler Sägemühle an in rein nördlicher Richtung, etwa 4 Stunden (20 km) weit bis zum Oderteich. Auf unseren Wanderungen zum Flößwehr, zur Schweiz, Bahnhof Oderthal, Stöberhai u. s. w. haben wir dieses Thal etwa eine Stunde weit verfolgt. Wandern wir nun von der Stelle aus, wo ein Weg im Herzbeek hinauf zum Stöberhai abzweigt, auf der Chaussee weiter, so werden wir bemerken, daß die Breite der Thalsohle abnimmt. Die bald mit dunklen Tannen, bald mit herrlichen Buchen bestandenen Abhänge der an beiden Seiten steil aufsteigenden Höhen (links Hillebille, rechts Herzbeekgecke, Jagdkopf und Espenthalskopf) ziehen sich streckenweise bis hart an die Chaussee herunter und verleihen der Szenerie einen lieblichen und sanften Charakter. Kommen wir höher hinauf, links am kleinen und großen Rolofsthal vorbei, so tritt schon mehr die Tanne als dominierender Waldbaum auf und zeigt uns an, daß

wir dem Oberharze nahe sind. Nicht lange mehr dauert
es, bis wir (rechts am Lauterberger Rinderstall vorbei)
zur fiskalischen „Oderthaler Sägemühle" gelangen;
dieselbe ist von Lauterberg etwa 1³/₄ Stunde entfernt.
Rechts von dem Werke führt ein Fußweg hinauf zum
Stöberhai (Kap. 13). In der dortigen Schenke „Zur
Erholung" ist ein gutes Glas Bier zu haben.

Von hier aus erhebt sich uns zur Linken der
mächtige Breitenberg, rechts Brandecke und Kirchberg.
Nach etwa 25 Minuten bringt uns unser Weg, hart
am Fuße des Berges entlang, nach der Kolonie „Oder=
haus" (eine Oberförsterei und zwei Förstereien). Im
oberen Forsthause, woselbst Erfrischungen aller Art
gereicht werden, lassen wir uns im Garten unter schat=
tigen Bäumen behaglich nieder und erfreuen uns an
der malerischen Pracht der uns umgebenden Natur.

Hier kreuzen sich zwei Chausseen: Lauterberg=
Oderteich und Andreasberg=Braunlage (Poststraße;
Länge 12 km). Besonders lohnend ist es, der über
den großen Oderberg in verschiedenen Windungen sich
hinziehenden Chaussee folgend, den Aufstieg nach An=
dreasberg zu unternehmen (von der Höhe aus herr=
licher Blick auf das Oderthal mit Oderhaus).

Haben wir uns genügend erholt, so besteigen wir
vorerst noch den hinter der Försterei sich erhebenden
Schloßkopf, von wo aus sich uns eine schöne Aus=
sicht auf das Oderthal bietet. Alsdann treten wir,
der Thal=Chaussee folgend, den Weitermarsch zum
Oderteich an, den wir etwa in 2 Stunden erreichen.
Das Oderthal, welches jetzt auch Rauschenbach ge=
nannt wird, nimmt bereits einen ernsten, stellenweise
wildromantischen Charakter an. Die schlanke Fichte
beherrscht allein das weite Gebiet; die Oder rauscht
(daher Rauschenbach) in ihrem mit starken Granit=
blöcken besäeten Flußbett an uns vorbei; die dunklen
Abhänge des Rehbergs links und die steilen Felsen=

wände des Hahnenkees rechts treten dichter an die Chaussee heran und engen das Flußbett immer mehr ein; gewaltige Granitfelsen, umschlungen von den starken Wurzeln gewaltiger Fichten, lagern an den Bergabhängen wild durcheinander und geben der Gegend ein rein schweizerisches Gepräge. Bald, nachdem wir eine stärkere Steigung überwunden haben, betreten wir, über die Ausflut schreitend, den Teichdamm, die Wasserfläche des „Oderteiches" breitet sich vor uns aus. Den Damm entlang gehend, stoßen wir auf den Anfang des Rehberger Grabens, auf dem wir unsere Wanderung nach Andreasberg fortsetzen können (Kap. 15). Andere empfehlenswerte Wege, die aber nur zu Wagen zurückzulegen sind, führen vom Oderteich über Königskrug (am Achtermann) nach Braunlage und dann über Oderhaus nach Lauterberg zurück, oder vom Teich nach Oderbrück, am Fuße des Brockens entlang, nach Schierke, Elend, Braunlage und von da wie vorhin zurück.

Schließlich sei noch bemerkt, daß die direkte Poststraße von Braunlage über Königskrug, am Oderteich vorbei über Oderbrück und Torfhaus nach Harzburg führt (Länge 24 km). Die Oder, welche uns auf unserer Wanderung durchs Oderthal stets begleitet, erhält ihr Wasser zunächst aus dem Oderteich. Ist der Zufluß desselben stärker, als der Abfluß zum Rehbergergraben, so läuft das Wasser durch die sogenannte Ausflut ab und bildet unsere Oder, welche auf ihrem Laufe bald noch mehrere kleine Bäche aufnimmt. Ist der Teich nicht so voll, daß dieser Abfluß erfolgen kann, so besteht sie nur aus Nebenquellen. Sie wird verstärkt durch das Wasser der Sperrlutter oberhalb von Bahnhof Oderthal und durch die Gewässer der geraden und krummen Lutter unterhalb Lauterberg. Dann fließt sie nach Scharzfeld, wo sie aus dem Harze tritt, bei Pölde neben

vielen Erdfällen durchgeht, unter Hattorf sich mit der
Sieber vereinigt, von da an Steinlake heißt, die bei
Catlenburg in die Rhume fällt, und sich mit dieser
bei Northeim in die Leine ergießt.

Regelmäßige Omnibusfahrten (Lauterberg, Oderthal, Oder=
haus, Waldmühle, Braunlage und zurück) werden vom Besitzer
des Ratskellers, Carl Wiegand, Dienstags und Sonnabends
ausgeführt. Abfahrt vom Ratskeller früh 9 Uhr.

17. Das Sieberthal und Herzberg.

Die „Sieber", ein Nebenfluß der Oder, schneidet
fast ebenso tief in den Harz ein, wie der benachbarte
Hauptfluß. Am Bruchberge, unweit des Oderteiches,
hat sie ihre Quellen. In ihrem oberen Laufe, bis
zur Mündung der Kulmke etwa, durchfließt sie in
vielen Krümmungen ein enges, romantisches Thal, in
dem die beiden Forsthäuser „Schluft" und „Königs=
hof" die einzigen menschlichen Wohnstätten sind. Von
letzterem 4 km abwärts liegt das langgestreckte Dorf
„Sieber" mit Oberförsterei. Unterhalb Sieber ver=
breitert sich das Thal mehr und mehr, bis es ober=
halb Herzberg das Gebirge verläßt. Bei Hattorf
mündet die Sieber in die Oder.

Eine Tour durch das Sieberthal, besonders durch
das stille obere Sieberthal zu machen, ist äußerst
empfehlenswert. Der direkte Weg von Lauterberg
nach Sieber führt im geraden Lutterthale aufwärts.
In dem auf das Knollenthal folgenden „kleinen Rot=
häuserthal" steigt ein ziemlich steiler, auch feuchter
Fußweg hinauf auf die Höhe. Weiter, aber auch be=
quemer ist die Fahrstraße, die am „Hohen Felde" den
genannten Fußpfad aufnimmt. Links geht es zum
Knollen (Kap. 14). Vielfach gekrümmt führt nun an
der Schutzhütte vorbei die Chaussee nach Sieber hin=
unter. Oberhalb des „Gatzemannthales" blinken aus

dem Sieberthal einige rote Häuser des Dorfes herauf. Hier zweigt sich ein sehr viel kürzerer Fußweg thalwärts links ab. Bald ist die Chaussee wieder erreicht, und bald auch liegt Sieber vor uns. Dem Hotel zum Paß gegenüber betreten wir die langgestreckte Dorfstraße.

Wenden wir uns rechts, also thalaufwärts, so haben wir fast das ganze Dorf zu durchschreiten. Unter den Baulichkeiten fällt uns die freundliche, neue Kirche und die Oberförsterei auf. Wir folgen der Fahrstraße weiter geradeaus, während links im Kulmkethal eine Chaussee nach „Stieglitzecke" (Altenau, Klausthal) hinauf führt. Vor dem Forsthaus „Königshof" (Erfrischungen) wird das Thal wieder etwas breiter. Wir überschreiten die Sieber (rechts), wenn wir die Chaussee rechts hinauf nach Andreasberg einschlagen wollen (Aussicht). Ein steiler Fußpfad ebendahin verläßt bei Königshof das Sieberthal. Bleiben wir dagegen noch im Thale, so erreichen wir nach etwa 1½ stündiger Wanderung (von Königshof aus) im verengten Thal das Forsthaus „Schluft" (Erfrischungen). Von hier aus steigt ein Fußweg im „Fischbachthal" aufwärts nach Andreasberg. Die Chaussee setzt sich im Sieberthal fort und erreicht unweit des „Sonnenberger Logierhauses" (Forsthaus mit Gastwirtschaft) die Höhe. Von hier aus führt uns die Straße rechts geradeaus über den Sonnenberg nach Andreasberg (Kap. 15), von wo wir auf der Bahn nach Lauterberg zurückkehren können.

Die vor der Haltestelle Zoll (Kap. 9) rechts das Oderthal verlassende im Andreasbachthal hinaufführende Chaussee bringt uns am Knollen vorbei ebenfalls nach Sieber. Vor dem Pfaffenthalskopfe verläßt sie auch das Andreasbachthal, um in das Bremkethal überzugehen, in dem sie weiter emporsteigt. Ein Fußpfad (rechts) über den Pfaffenthalskopf führt auf die Knollentrift und nach dem Knollen. In einem großen Bogen den kleinen Knollen umgehend, vereinigt sich die Knollen-Chaussee mit der Lutter-Chaussee auf der Höhe am Hohen Felde.

Von Sieber aus läßt sich leicht in 1³/₄ Stunde die „Hanskühnenburg" auf dem Acker erreichen. Etwas oberhalb der Kirche steigt ziemlich steil ein Fußpfad hinauf zu der an der Südostseite des Bergzuges „Auf dem Acker" sich hinziehenden Acker-Chaussee. Jenseits dieser setzt der Fußweg sich fort, bis er in der Nähe des Aussichtsturmes (1889 errichtet) auf der Höhe endet. Eine herrliche Aussicht über den ganzen west-lichen Harz entschädigt reichlich für die Mühe des Aufstiegs. In Rücksicht auf die Steigung sehr viel bequemer und reich an Punkten mit großartiger Aus-sicht ist der auf dem moorigen Rücken des Ackers von Stieglitzecke aus sich erstreckende „Fastweg", der jedoch nur wetterfesten, rüstigen Fußgängern empfohlen werden kann. Von der Hanskühnenburg führt der Weg in etwa 2¹/₂ Stunden über Lonau nach „Herzberg".

Von Sieber im Sieberthal abwärts gelangt man ebenfalls zu dieser ehemaligen Residenz der Herzöge von Grubenhagen. Historische Erinnerungen sind es hauptsächlich, die Herzberg interessant machen. Schon außerhalb des Harzes, unterhalb der Mündung der Lonau in die Sieber gelegen, lehnt sich das Städtchen Herzberg an einen der Vorberge des Gebirges, die gegen dasselbe steil abfallen. Auf der Spitze des Felsens, mit drei Seiten ins Thal schauend, erhebt sich das Schloß Herzberg, bis 1596 die ständige Residenz der Herzöge von Grubenhagen. Von 1617 bis 1714 fand hier noch vorübergehend die Hofhaltung statt, die in dem zuletzt genannten Jahre ganz auf-hörte. Während dieser Zeit hat auf Schloß Herzberg des Herzogs Ernst August, des ersten Kurfürsten von Hannover (regierte 1679—1698) Wiege gestanden.

Jünger als die Burgen zu Lauterberg und

Scharzfeld, als Jagdschloß erbaut, ist Schloß Herz=
berg vielfach umgebaut und erweitert worden. Außer
zwei Fahrwegen führt eine Treppe von ca. 250 Stufen
auf den Schloßberg vom Orte empor. Im Viereck
umschließen die Gebäude den Schloßhof. Das Amts=
gericht, zu dessen Bezirk auch Lauterberg gehört, be=
findet sich in den Räumen des Schlosses, aus dessen
Fenstern ein weiter Blick auf den Harz und auf die
Grubenhagenschen Lande sich bietet. Am Ostende des
Ortes befindet sich der tiefe „Jüs", ein durch einen
Erdfall entstandenes Wasserbecken.

Mittelst der Bahn kann man nach Lauterberg
zurückgelangen. Zu Wagen läßt sich die lohnende
Tour über Andreasberg, Sonnenberg, Schluft, Sieber,
Herzberg, Lauterberg, oder Sieber, Lauterberg ohne
große Beschwerde in einem Tage machen. Gute Fuß=
gänger brauchen für dieselbe Route von Andreasberg
aus bis Herzberg ebenfalls nur einen Tag. In der=
selben Zeit läßt sich auch die Tour von Andreasberg
über Stieglitzecke nach Hanskühnenburg und Herzberg
zurücklegen.

18. Walkenried.

Der Flecken „Walkenried" mit dem gleichnamigen
Kloster liegt östlich von Lauterberg in einer Ent=
fernung von 2³/₄ Stunden. Der kleine braunschweigische
Ort bildet mit den Dörfern Wieda, Zorge, Hohegeiß
und einigen einzelnen Häusern ein eigenes Amt.

Sowohl der schönen Lage wie namentlich seiner
Ruinen wegen ist Walkenried eines Besuches wert.
Wir haben bereits an verschiedenen Stellen in den
vorhergehenden Kapiteln (Ravenskopf und Stöberhai)
die Fußwege über diese Höhen nach Walkenried ge=
nauer angegeben. Wollen wir jedoch diesen Punkt
auf direktem Wege erreichen, so gehen wir über den

Ahrensberg (Kap. 11) nach Steina und Sachsa und
von da nach Walkenried, oder aber, was vor allem
andern zu empfehlen ist, man macht die Tour per
Bahn über Scharzfeld, Osterhagen, Tettenborn bis
Walkenried. Vom Bahnhof aus führt uns die Chaussee
zunächst durch den Ort zum Gasthof „Zum goldenen
Löwen". Von hier aus geht man rechts durch ein
Thor, dann den Weg links und man ist in wenigen
Minuten bei den Ruinen. Der erste Lehrer des Orts,
welcher rechts in der neuerbauten Schule wohnt, führt
in den Ruinen umher und zeigt die verschlossenen
Kreuzgänge.

Von den kolossalen Bauwerken früherer Zeiten
stehen nur noch die Überreste der Kirche, welche
274 Fuß lang, 117 Fuß breit, bis ins Dach 74 Fuß
hoch war und inwendig auf 36 Säulen ruhend lange
Zeit für einen der prächtigsten Tempel Deutschlands
gehalten wurde. Der alte Kapitelsaal ist als Kirche
für die Walkenrieder Gemeinde eingerichtet. Der malerisch schöne Kreuzgang, sowie alle erhaltenen Teile
der Ruine sind jetzt stilvoll restauriert. Das alte Kloster
ist im Jahre 1127 von Adelheid Gräfin von Cletten-
berg gegründet und mit Bernhardiner, nachmals Cister-
cienser Mönchen besetzt. Dieselben erwarben sich im
Laufe der Zeit viele Güter, Zehnten und sonstige
Rechte, so daß die Abtei zu einer der reichsten und
angesehensten in Deutschland gezählt wurde. Ja, das
Kloster hatte Kirchen, Kapellen, Kurien und Stiftshöfe
in Nordhausen, Göttingen, Goslar, in 13 Dörfern
der Umgegend und im Harze. Walkenried besaß in
nahezu 40 Dörfern Landgüter, einige sog. Salzgüter
in Lüneburg, eine Menge Mühlen, ausgedehnte Fischerei,
Jagd, Holzungen, selbst Weinberge in Franken, „damit
die Mönche die Fische desto besser verdauen könnten."
Viele Große besuchten die Abtei (Otto IV., Herzog
Heinrich der Löwe); andere (die Grafen von Cletten-

berg, mehrere Grafen von Lutterberg, die Grafen von Hohenstein) wählten sie zu Erbbegräbnissen. Im Bauernkriege (1525) wurde der an architektonischen Schönheiten reiche Bau zerstört. Von den schönen Quadersteinen der zerstörten Gebäude wurde nach und nach die Kirche in der Neustadt zu Nordhausen, die Garnisonkirche in Blankenburg, die Kirchen in den Dörfern Wosleben, Steina, Gutersleben und Mackenrode, das Hospital und Jagdhaus „der Wildenhof" in Walkenried erbaut. Im Jahre 1546 trat das Kloster der Reformation bei, doch wurden während des 30jährigen Krieges (1629) die Evangelischen wieder aus dem Kloster vertrieben, sie kehrten indes nach kurzer Zeit (1631) zurück. 1537 wurde in Walkenried eine Knaben=Klosterschule errichtet, die bis 1668 fortbestand.

In der Abtei habe nüberhaupt 39 katholische und 5 evangelische Äbte regiert; der Letzte „soff sich zu tode" im Jahre 1578, wie die Chronik erzählt; nach ihm übernahmen die Schutzherren (die Hohensteinschen Grafen) die Administration, bis das Kloster mit allem Zubehör im westfälischen Frieden erblich an Herzog Christian Ludwig von Braunschweig=Lüneburg fiel.

Im Kloster zeigt man noch die sog. Lutherfalle, ein Loch am Ende eines Ganges, wo die Mönche die Absicht gehabt haben sollen, den großen Mann zu fangen und zu tödten, und er, der Sage nach, durch ein vorgelaufenes Hündchen gewarnt sein soll. Diese Erzählung wird indes auf Erfindung beruhen, da nirgends von einem Besuch Luthers in Walkenried die Rede ist.

Auf sonstige Einzelheiten im Innern der Ruinen einzugehen, wollen wir uns hier versagen. Bei einem Besuch derselben wird, wie vorhin bereits angedeutet, seitens des führenden Ortslehrers alles genau erklärt.

19. Der Rhumesprung.

Bei der Beschreibung der hervorragendsten und interessantesten Punkte in Lauterbergs Umgebung wollen wir nicht vergessen, auch des Rhumesprunges zu gedenken. Derselbe liegt 3 Stunden südwestlich von Lauterberg entfernt zwischen den Dörfern Pöhlde und Rhumspringe. Um dorthin zu gelangen, benutzen wir die Bahn bis Haltestelle Zoll, von da aus gehen wir zu Fuß über den rechts von Barbis sich erhebenden Bühlberg an der sog. Warte vorbei bis nach Pöhlde und dann auf der Chaussee weiter bis nahezu vor Rhumspringe, oder wir fahren mit der Bahn nach Scharzfeld und verfolgen die durch Scharzfeld und Pöhlde führende Fahrstraße. Bahnhof Herzberg hat außerdem zweimal täglich Omnibusverbindung mit Duderstadt (Pöhlde und Rhumspringe berührend). Das Bequemste und Geratenste ist indessen, wenn man die Tour nach Rhumspringe zu Wagen auf der ebenen Chaussee über Scharzfeld=Pöhlde unternimmt.

Der Rhumesprung am Fuße des Rothenberges, angeblich die größte Quelle in Deutschland, verdankt seine Entstehung ohne Frage einer gewaltigen Erd=senkung, wie solche auf der Strecke Herzberg, Barbis, bis Osterhagen hinauf nicht selten sind. Mit den Erdfällen dieser Gegend, in deren Tiefe man stellen=weise Wasserrauschen vernimmt, hat ohne Zweifel die Quelle des Rhumeflusses Verbindung, denn bei Barbis angestellte Versuche haben ergeben, daß in diese Erd=senkungen geworfene Sägespähne, Papierschnitzel u. dgl. im Rhumesprung wieder zum Vorschein gekommen sind. Diese gewaltige Quelle gleicht schon mehr einem Teiche von etwa 30 m Länge und 15 m Breite. Aus der unermeßlichen Tiefe herauf wälzen sich die Wasser stark wellenförmig empor; neben der Hauptquelle werfen dann noch zahlreiche aus kleineren Erdöffnungen auf=

wallende Sprudel das Wasser zu Tage. „Das Wasser
ist kristallklar und hat Winter und Sommer eine gleich=
mäßige Temperatur von 8° R. Der Wasserstand
bleibt auch in trockenen Jahren immer derselbe, sodaß
die Rhume jahraus jahrein direkt aus dem Quellbassin
als ansehnlicher Fluß von 10—12 m Breite mit einer
täglichen Wassermenge von 400 000—500 000 Kubik=
meter abfließen kann." So ist es denn nicht zu ver=
wundern, daß die Rhume 30 Schritt unterhalb der
Quelle im Stande ist, eine große Fabrik und hundert
Schritte weiter eine Wassermühle mit vier Mahlgängen
zu treiben.

Unweit des Rhumesprungs ist eine umfangreiche
Forellen=Brutanstalt angelegt, deren Besichtigung sehr
zu empfehlen ist. Die Fische aus dieser Forellen=
züchterei kommen überallhin zum Versandt.

20. Der Brocken.

„Tief aus dem Bergwald raget des Harzes gewaltiger Gipfel,
Dem in der Bode Quell reichliches Wasser entströmt.
Weithin sieht ihn das Land, drum „Proculus" sinnig bedeutsam:
„Weithinschauer" mit Recht Latiums Sprache ihn nennt,
Denn mit dem Thüringer siehet den Scheitel der Sachse, der Hesse;
Ferner das Eichsfeld auch sieht ihn auf heimischer Flur.
Nicht mit der Masse allein überragt er Hercyniens Höhen,
Wieviel auch im Gebirg ragen zum Himmel empor."

So läßt sich um das Jahr 1570 der thüringische
Dichter Wendelin Helbach, der erste, der den Brocken
besingt, über ihn aus. Damals noch mit undurch=
dringlichem Urwalde bestanden, zog der Brocken noch
nicht die zahllosen Menschenscharen an, die jetzt im
Sommer zu seinem Gipfel emporsteigen. Wissenschaft=
liches Interesse allein war es, was die ersten bekannten
Besucher im 16. und 17. Jahrhundert die nicht unbe=
deutenden Mühseligkeiten eines Aufstieges auf sich zu
nehmen veranlaßte. Der Sinn für Naturschönheit,

für das Erhabene und Liebliche in der Natur, sei es im felsgekrönten Gebirge oder am wogengepeitschten Gestade des Meeres, sei es in den wiesengeschmückten Thälern oder im ruhig schönen Hochwalde zu finden — der Sinn dafür war damals nicht vorhanden.

Je mehr jedoch das Verständnis für landschaftliche Schönheit sich verbreitet, desto mehr nimmt auch die Zahl derer zu, die eines Naturgenusses halber gerne die freilich geringer gewordenen Schwierigkeiten überwinden. Wenn auch unter den 40000 Gästen, die jetzt alljährlich der Brocken auf sich sieht, so mancher sich befindet, der, um nur die Mode mitzumachen, sich emporgequält hat und unbefriedigt seinen ersten Besuch auch den letzten sein läßt, so wird doch niemand, der empfänglich ist für die Größe der Natur, seinen Besuch bereuen. Freilich macht es „der alte Vater" Brocken auch dem mutigsten und unverzagtesten Wanderer häufig genug sehr schwer, Geduld und Humor seinem unfreundlichen, mürrischen Wesen gegenüber zu bewahren. Nebel und Unwetter, die seinen kahlen Gipfel umtoben, verderben häufig vollständig die erwartete Aussicht. Klagelieder über getäuschte, gewöhnlich „zu Wasser gewordene" Hoffnungen finden sich im Brockenbuche häufiger, als Anerkennungen seines freundlichen „sonnigen" Gesichts.

Doch ist ja die freie Aussicht über den zweihundertsten Teil Europas mit seinen 89 Städten, 668 Dörfern, zahlreichen Flüssen und Bergen u. s. w., doch ist ja ein Sonnenunter- oder Aufgang nicht der einzige Genuß, den eine Tour nach dem Brocken bietet. Großartig ist der Weg dahin, großartig auch das Schauspiel auf dem Gipfel. Mag die Sonne am wolkenlosen Himmel prangen und weithin das Land beleuchten, mag sie zum vergoldeten Horizont hinab sich neigen, oder ihre ersten Strahlen über die morgenfrische Erde schießen, mag ein dichtes Wolkenmeer Ge-

birge und Land bedecken oder mag gar ein Gewitter=
sturm um und unter uns brausen, mögen lose Nebel
sich jagen und das Brockengespenst sich zeigen, oder
mögen unübersteigliche Schneemassen das Brockenhaus
umtürmen und klare Eiszapfen vom Dache bis auf
den festen Boden herabhängen — immer wird man
von der Erhabenheit dieses Ortes ergriffen werden.

Von Lauterberg aus läßt sich eine Brockentour
unter Benutzung der Bahn oder eines Wagens in
einem Tage machen. Empfehlenswerter ist es aber
immer, auf dem Brocken zu übernachten. Seitdem
schon 1736 eine Schutzhütte, das „Wolkenhäuschen",
auf dem Brockengipfel errichtet worden und 1743 auf
der benachbarten „Heinrichshöhe" zwei Logierhäuser
erbaut worden, hat es nicht an Gästen gefehlt, die
dort nächtigten. Seit 1753 sind die Fremdenbücher,
wenn auch zuerst unvollständig, geführt. Ein Gast=
haus auf dem Brocken selbst wurde 1800 dem Ver=
kehr übergeben. Nachdem das mehrfach erweiterte
Gebäude 1859 ein Raub der Flammen geworden, er=
stand 1860—61 das jetzige, in der unteren Etage
massive Brockenhaus, das 1882 durch das Aufsetzen
einer neuen Etage vergrößert werden mußte. Der
Turm, der anfänglich einen Teil des Wohnhauses
bildete, wurde später neben demselben errichtet. Im
Herbst 1891 hat man schon mit dem zweiten Neubau
eines Turmes beginnen müssen, da der alte 1854 er=
baute durch die Einwirkungen der Witterung baufällig
geworden war und abgerissen werden mußte.

Aufgehoben ist man auf dem Brocken immer gut,
mag man im Juli, August unter Hunderten sein Gast
sein, oder mag man zur Winterszeit als der einzige
Fremde hier Obdach suchen. Denn auch im Winter
hat eine Tour dahin ihre Reize. Die meisten Besucher
finden sich jedoch natürlich im Sommer ein. Die
günstigsten Monate sind Juli und August, weniger

günstig Mai, Juni und September. Unmittelbar nach einem Gewitterregen, wenn die Wolken sich zerstreuen, ist die Luft am klarsten und die Fernsicht am weitesten.

Von Lauterberg fährt jeden Mittwoch und Sonntag vom Hotel Ratskeller ab ein Omnibus (pro Person hin und zurück 3 Mark) nach dem Brocken oder vielmehr nach dem „Dreieckigen Pfahl", soweit, als man von Lauterberg aus überhaupt ohne große Umwege mit einem Wagen nach dem Brocken vordringen kann. Im Oderthal und Sperrlutterthal hinauf geht es bis nach Andreasberg (Kap. 15), dann über die „Jordanshöhe" (Aussicht) in den dichten Rottannenbestand des „Rehberges". Zur Linken das dunkle Wasser des „Rehberger Grabens" (7 km lang, 1696 bis 1714 erbaut), zur Rechten das tiefe Oderthal gelangt man vorbei an dem „Rehberger Grabenhaus" und den „Rehberger Klippen" (Aussicht) an den „Oderteich", das größte und tiefste künstliche Wasserbecken des ganzen Harzes (1722 fertig gestellt). In kurzem ist Forsthaus „Oderbrück" (Logis, 12 km von Andreasberg) erreicht und damit die letzte menschliche Wohnstätte auf dieser Seite des Brockens.

Von Oderbrück aus wendet sich der Weg links und nach Aufnahme der von „Torfhaus" herkommenden Fahrstraße nach rechts, zur Linken das moorige „Brockenfeld" lassend. Am „Dreieckigen Pfahl" verläßt man Wagen und Chaussee, wenn man nicht über Schierke sich auf den Gipfel fahren lassen will. Der Fußweg biegt links ab, nimmt bald von links den von Torfhaus herführenden Fußweg auf (Wegw.) und steigt nun mit diesem vereint rechts den „Königsberg" (1029 m) empor. An den „Hirschhörnern" vorbei, bergab und wieder bergauf, gelangt man nach etwa 1¼ stündiger Fußwanderung vom „Dreieckigen Pfahl" aus auf dem kahlen Gipfel des Brockens an, indem man die immer mehr und mehr verkrüppelten Fichten

hinter sich läßt. Große Granitblöcke, übereinander
getürmt, ("Hexenaltar", "Hexenwaschbecken" und "Teu=
felskanzel"), bedecken die Fläche. Rauh fährt der
Wind darüber hin und schnell suchen wir das schützende
Dach des Brockenhauses zu gewinnen.

Wer schon Abschied genommen hat von den
Bergen und Thälern Lauterbergs und nicht mehr
dahin zurückkehren will, findet gute Wege zum Ab=
stiege auch nach der Nordseite des Harzes, nach Harz=
burg, Ilsenburg oder Wernigerode. Wer jedoch sich
zurücksehnt nach dem stillen "Thal der Hoffnung",
folge uns zurück über Schierke, Braunlage und Oder=
haus in das heimatliche Oderthal, dessen freundliches
"Bergstädtlein" des Harzes schon manchem Fremden
zum Lieblingsaufenthalt, zur zweiten Heimat geworden.

So schließen wir denn auch mit dem alten
Harzer Spruch:

> "Es grüne die Tanne,
> Es wachse das Erz,
> Gott schenke uns allen
> Ein fröhliches Herz!"

V. Anhang.

1. Die geographische Lage und die meteorologischen Verhältnisse des Bades Lauterberg.

1. Die geographische Länge ist 28° 8′ östl. v. Ferro oder 10° 28′ östl. von Greenwich; die geographische Breite ist 51.° 38′ nördlich.

2. Mittlere Temperatur des Frühlings   6,4° R.
     "   "   "   Sommers   13,7° "
     "   "   "   Herbstes   7,3° "
     "   "   "   Winters   0,6° "
     "   "   "   Jahres   7,0° "

3. Barometerstand (bei 0°) im Frühling   27″ 4,4‴
     "   "   "   Sommer   27″ 5,0‴
     "   "   "   Herbst   27″ 4,9‴
     "   "   "   Winter   27″ 5,1‴
     "   "   "   Jahre   27″ 4,9‴

4. Tage mit Windrichtung aus

	N.	NO.	O.	SO.	S.	SW.	W.	NW.
im Frühling	2-3	7-8	3-4	21-22	8-9	12-13	13-14	23-24
" Sommer	1-2	5	2-3	17-18	8-9	17	18-19	22-23
" Herbst	2	5-6	2-3	32-33	9-10	15-16	12-13	12-13
" Winter	2-3	5-6	2-3	31-32	10-11	11-12	13-14	12-13
" Jahre	8-9	23-24	9-10	102-103	37-38	55-56	57-58	70-71

5. Tage

	heitere	wolkige	mit Regen resp. Schnee	mit Nebel
im Frühling	27—28	22—23	45—46	3—4
" Sommer	29—30	25—26	48—49	2—3
" Herbst	26—27	20—21	41—42	14
" Winter	17—18	14—15	43—44	12
" Jahre	101—102	82—83	178—179	32

2. Die Frequenz des Bades Lauterberg betrug:

Im Jahre	Zahl	Im Jahre	Zahl	Im Jahre	Zahl
1839—44	unbestimmt	1864	386	1879	1320
1845	36	1865	338	1880	1523
1846	51	1866	199	1881	1142
1847—52	unbestimmt	1867	358	1882	1385
1853	293	1868	463	1883	1844
1854	352	1869	445	1884	2036
1855	433	1870	338	1885	2333
1856	301	1871	656	1886	2391
1857	359	1872	949	1887	2600
1858	314	1873	1119	1888	2691
1859	189	1874	952	1889	3252
1860	186	1875	783	1890	3421
1861	202	1876	724	1891	3438
1862	125	1877	1108		
1863	191	1878	1046		

3. Tarife.

	Mark	Pfg.
1. Für ein Wohnzimmer nebst Schlafzimmer, je nach Lage und Einrichtung, sowie nach der Zeit der Saison, wöchentlich . . .	8—20	—
2. Größere Wohnung von 4 bis 6 Räumen und einer entsprechenden Anzahl Betten, wöchentlich	20—60	—
3. Volle Pension in den Hotels täglich . .	4—6	—
(Kinder entsprechend weniger)		
4. Table d'hôte im Abonnement	1,25—2	—
5. Menagen außer dem Hause	1,50—2	—
6. Kurtaxe:		
a. für eine Person	8	—
b. für zwei bis drei Personen . . .	12	—
c. für vier und mehr Personen . . .	15	—
(Kinder und Bedienung frei.)		
7. Badetaxe (Städtische Badeanstalt):		
a. für 1 Douche	—	40
b. „ 1 Schwimmbad	—	20
„ 10 Schwimmbäder	1	50

	Mark	Pfg.
c. für 1 warmes Bad	—	75
d. „ 1 Vollbad	1	—
e. „ Wäsche, 1 großes Trockentuch . .	—	15
f. „ Schwimmunterricht, auch für Damen	4	—

Ingredienzien für medizinische Bäder werden
aus der Apotheke bezogen.

8. **Badetaxe (Dr. H. Ritschers Wasserheilanstalt)**

	Mark	Pfg.
a. Ein Warm=Wasser=Vollbad	—	75
b. Ein Warm=Wasser=Halbbad, kalte oder warme Douche	—	40
c. Ein faradisches (elektrisches) Vollbad .	2	—
d. Ein faradisches (elektrisches) Sitzbad oder Douche	1	50
e. Ein galvanisches (elektrisches) Vollbad — stets in Gegenwart des Arztes gebraucht	2	50

9. Hülfeleistung durch Badewärter:

	Mark	Pfg.
a. bei voller Kur wöchentlich	4	—
b. „ halber „	3	—
Wärterinnen entsprechend	3 u. 2	—

10. Für Benutzung eines Rollstuhls pro Tag . — 25
„ „ „ „ „ „ Woche 1 50

11. Die Dienstleute haben zu fordern:

a. Für eine einfache Bestellung innerhalb des Ortes 30 Pf.
b. Für Transport von Gepäckstücken aus den Wohnungen nach den Bahnhöfen oder von den Bahnhöfen nach der Wohnung:
   1. Für Gepäckstücke bis zu 25 kg 50 Pf.
   2. „ „ über 25 kg bis 50 kg 75 Pf.
   3. „ „ „ 50 „ „ 150 „ 1 M.
c. Für Führung von Kurgästen behufs Aufsuchung von Wohnungen pro Stunde 50 Pf. Jede angefangene Stunde wird für voll gerechnet.

    Für Tragen von ganz leichten Gegenständen: Überziehern, Schirmen ꝛc. ist hierbei eine Gebühr nicht zu fordern.
d. Als Führer bei längeren Touren in den Harz:
   1. Für 1 Tag 3 M.
   2. Für ½ Tag 1 M. 75 Pf.

    Für das Tragen von leichtem Gepäck: Überziehern, kleinen Handtaschen ꝛc. bis zum Gewicht von 8 kg auf solchen Touren wird nichts berechnet, die Vergütung für das Tragen von über 8 kg wird der Vereinbarung überlassen.

    An Vergütung für Nachtquartier haben die Dienstleute zu fordern 75 Pf. Für Beköstigung haben sie selbst zu sorgen.

Etwaige Streitigkeiten über Anwendung dieser Taxe entscheidet der Magistrat.

12. **Lohn-Fuhrwerk.**

  a. Tages-Tour.

    Einspänner ca. 10—12 M. Trinkgeld 1 M. 50 Pf.

    Zweispänner „ 18—20 „   „   2—3 M.

    Omnibus „ 20—25 „   „   2—3 „

  b. Halbe Tages-Tour.

    Einspänner ca. 5—6 M. Trinkgeld 1 M. — Pf.

    Zweispänner „ 9—12 „   „   1 „ 50 „

    Omnibus „ 12—14 „   „   1 „ 50 „

  c. Auf mehrere Tage ins Gebirge.

    Einspänner pro Tag ca. 10 M.

    Leere Retourfuhren „ 6 „

    Zweispänner pro Tag „ 18 „   Trinkgeld

    Leere Retourfuhren „ 12 „   nach

    Omnibus pro Tag „ 21 „   Belieben.

    Leere Retourfuhren „ 12 „

Preise für Omnibusfuhren richten sich nach der Personenzahl.
Schwer erreichbare Punkte und ausgedehnte Tages-Touren
entsprechend theurer.

Unbemittelten und Armen kann die eine oder andre der vorstehend angegebenen Abgaben ermäßigt resp. ganz erlassen werden, wenn sie im stande sind, der Badeverwaltung nachzuweisen, daß sie die Mittel zur Bestreitung der Kosten eines Kuraufenthalts hierselbst nicht besitzen, und wenn sie die Notwendigkeit des letzteren durch ärztliches Attest darthun.

Saison von Mitte Mai bis Ende Oktober.

Bad Lauterberg am Harz.

Die Badeverwaltung.

Bürgermeister Gehrich.   Dr. Ritscher, Dr. Wander.

Badekommissar. ————— Badeärzte.

4. Post- und Telegraphendienst.

Das Postamt mit der Telegraphenbetriebsstelle befindet sich in der mittleren Hauptstraße Nr. 172.

Die Dienststunden für den Verkehr mit dem Publikum sind folgende:

A. An Wochentagen:

  a. Vom 1. April bis 30. September:

    Von 7 Uhr Vorm. bis 1 Uhr Nachm.

    „ 3 „ Nachm. „ 8 „

    In der Zeit von 7 Uhr Vorm. bis 9 Uhr Abends voller
Telegraphen-Tagesdienst und

Vom 1. Juni bis 30. September:
Von 9⁴⁵ Nachm. bis 10²⁵ Nachm. Telegraphendienst.

b. Vom 1. Oktober bis 31. März:
Von 8 Uhr Vorm. bis 1 Uhr Nachm.
„ 3 „ Nachm. „ 8 „ „
In der Zeit von 8 Uhr Vorm. bis 9 Uhr Nachm. voller Telegraphendienst.

B. **An Sonn= und Feiertagen:**
a. Vom 1. April bis 30. September:
Von 7 Uhr Vorm. bis 9 Uhr Vorm. und von 5 Uhr Nachm. bis 7 Uhr Nachm.

b. Vom 1. Oktober bis 31. März:
Von 8 Uhr Vorm. bis 9 Uhr Vorm. und von 5 Uhr Nachm. bis 6 Uhr Nachm.
und nur für den Telegraphendienst:
von 12 bis 1 Uhr Mittags und
vom 1. Juni bis 30. September:
Von 9⁴⁵ Nachm. bis 10²⁵ Nachm.

Die **Bestellung im Orte** beginnt an Wochentagen:
Für Briefe und Postanweisungen 8 Uhr Vorm., 11 Uhr 30 M. Vorm., 5 Uhr 15 M. Nachm., 7 Uhr 15 M. Nachm.
Für Geldbriefe 11 Uhr 30 M. Vorm., 5 Uhr 15 M. Nachm.
Für Pakete 8 Uhr Vorm., 11 Uhr 35 M. Vorm., 5 Uhr 15 M. Nachm.

An Sonn= und Feiertagen:
Für Briefe und Postanweisungen 8 Uhr Vorm., 11 Uhr 30 M. Nachm.
Für Geldbriefe 11 Uhr 30 M. Vorm.
Für Pakete 11 Uhr 35 Min. Vorm.

Die **Abfertigung der Landbriefträger** findet statt:
1. An Wochentagen vom 1. Juli bis 1. Oktober:
Nach Flößwehr, Oderthal und Wiesenbeeker Teich 8 Uhr 30 M. Vorm.;
nach Kupferhütte 11 Uhr 45 M. Vorm., 4 Uhr 45 M. Nachm.
In der Zeit vom 1. Juni bis Ende September nach Wiesenbeeker Teich auch 4 Uhr 45 M. Nachm.
2. An Wochentagen vom 1. Oktober bis 30. Juni:
Nach Flößwehr, Oderthal und Wiesenbeeker Teich 8 Uhr 30 M. Vorm.;
nach Kupferhütte 11 Uhr 45 M. Vorm.
3. An Sonntagen ꝛc. vom 1. Juli bis 1. Oktober:
Eine einmalige Bestellung nach sämtlichen Orten 8 Uhr 30 M. Vorm. bez. 11 Uhr 45 Min. Vorm.
4. An Sonntagen ꝛc. vom 1. Oktober bis 30. Juni:
Eine einmalige Bestellung nach Kupferhütte 11 Uhr 45 M. V.

Die im Orte aushängenden **Briefkasten** werden geleert:

1. Am Hause des Gastwirts Carl ⎫ 7 Uhr 45 M. Vorm.
2. „ „ „ Kaufmanns Brune ⎪ 12 „ 15 „ Mitt.
3. „ „ „ Hotelbes. Langrehr ⎬ 4 „ 45 „ Nachm.
4. „ Bahnhof Kurpark ⎪ 7 „ 15 „
5. „ Posthause 5 Min. vor Abgang jedes Posttransportes. ⎭
6. am Hause des Kaufmanns Schwickert 5 Uhr 45 M. Vorm.
   8 Uhr Vorm. 10 Uhr Vorm. 1 Uhr 15 M. Nachm. 5 Uhr
   45 M. Nachm. 7 Uhr 30 M. Nachm.
7. am Bahnh Lauterberg 5 Min. vor Abgang eines jeden Zuges.

Amtliche Verkaufsstellen für Postwertzeichen befinden sich
bei dem Kaufmann Eckert, dem Kaufmann H E. Kleinecke in
Lauterberg und bei dem Hotelbesitzer Neye am Wiesenbeeker Teich.

5. Sommer=Fahrplan
für die
Eisenbahnstrecke Scharzfeld=Lauterberg=St. Andreasberg
nebst Anschlüssen in der Richtung nach
Nordhausen=Northeim und Herzberg=Seesen.

Andreasberg=Lauterberg=Scharzfeld.

St. Andreasberg	ab	5.34	8.24	1.05	2.40	5.25	8.00
Oderthal . .	ab	5.52	8.43	1.23	2.58	5.43	8.18
Kurpark . .	ab	5.59	8.50	1.30	3.05	5.50	8.25
Lauterberg . .	ab	6.04	8.59	1.39	3.14	5.59	8.30
Zoll . . .	ab	6.12	9.07	1.48	3.23	6.07	8.38
Scharzfeld .	an	6.16	9.11	1.52	3.27	6.11	8.42

Scharzfeld=Lauterberg=Andreasberg.

Scharzfeld . .	ab	6.42	10.26	2.23	4.02	6.27	9.35
Zoll . . .	ab	6.48	10.32	2.29	4.07	6.33	9.41
Lauterberg . .	ab	7.04	10.48	2.45	4.16	6.49	9.57
Kurpark . .	ab	7.09	10.53	2.50	4.21	6.54	10.02
Oderthal . .	ab	7.16	11.00	2.57	4.28	7.01	10.09
St. Andreasberg	an	7.40	11.24	3.21	4.52	7.25	10.33

Nach Nordhausen.

Scharzfeld	ab	6.37	9.19	2.18	3.59	7.28	9.30
Nordhausen	an	7.37	10.19	3.19	4.57	8.30	10.38

Nach Northeim.

Scharzfeld	ab	6.24	10.22	2.00	3.35	6.20	8.50
Northeim	an	7.23	11.13	2.51	4.23	7.15	9.43

Scharzfeld=Herzberg=Seesen.

Scharzfeld	ab	6.24	—	10.22	2.00	3.35	6.20	8.50
Herzberg	ab	6.41	9.20	10.30	2.21	3.43	6.46	9.22
Seesen	an	7.24	10.45	(an)	3.02	(an)	8.32	10.05

6. Alphabetisches Touren=Verzeichnis
mit Angabe der ungefähren Länge und Zeit.*)

	Länge km	Zeit Std.	Zeit Min.	Seite
Andreasberg				
— Andreasberg Bhf.	2½	—	30	89
— **Brocken**	16	5	—	105
— Dreieckiger Pfahl	13	3	40	105
— Herzberg	16	4	30	98
— Jordanshöhe	1½	—	30	91
— **Lauterberg**	12	3	—	89
— Oderbrück	10	3	—	105
— Oderhaus	6	1	20	93
— Oderteich	8½	2	15	91
— Rehberger Grabenhaus	3	—	50	91
— Rehberger Klippen	5	1	30	91
— Sieber	8½	2	30	96
— Silberhütte	3	—	40	90
— Sonnenberger Logierhaus	6	1	40	96
Andreasberg Bhf. — Andreasberg	2½	—	35	89
— **Lauterberg**	10	2	30	89
— Sieber	7	2	—	96
Brocken — Andreasberg	16	4	30	105
— Harzburg		3	—	106
— Ilsenburg		3	—	106
— **Lauterberg**	28	7	—	105
— Oderbrück	7	2	—	105
— Schierke		2	—	106
— Wernigerode		4	—	106
Dreieckiger Pfahl — Andreasberg	13	3	30	105
— **Brocken**	4	1	20	105
— Oderbrück	3	—	45	105
Einhornhöhle — Lauterberg	6	1	30	67
— Scharzfeld Bhf.	1½	—	20	67
— Scharzfels Ruine	1½	—	30	67
— Steinkirche	2½	—	45	69
Flößwehr — Lauterberg	2	—	35	42
— Königstein	1½	—	45	41
— Kummelturm	2	—	50	43
— Oderthal Bhf.	1	—	20	44
— Schweiz. Restaurant	1	—	20	44

*) Die angegebenen Zeiten sind solche, wie sie ein mäßiger Fußgänger für die Touren braucht. Die Verschiedenheit der Steigung bedingt die Verschiedenheit der Zeit für gleiche Kilometeranzahlen.

	Länge km	Zeit Std.	Zeit Min.	Seite
Lauterberg				
— Walkenried	12	3	—	98
— Wieda	9	3	—	83
— Wiesenbeekerteich	2	—	30	47
— „ (um das Thal herum)	7	2	30	45
— Zoll=Haltestelle (Aue)	3½	—	45	59
— „ „ (Chaussee)	4	—	50	59
— „ „ (Koldung)	5	1	30	51
— „ „ (Philosophenweg)	4½	1	15	60
Lauterberg Bhf. — Kurpark Bhf.	1½	—	20	29
— Lauterberg ob. Ende	2	—	30	30
— Zoll=Haltestelle	3	—	45	59
Ravenskopf — Lauterberg	6	1	30	72
— Sachsa	4	—	50	77
— Stöberhai	4½	1	—	77
— Wiesenbeekerteich	4	1	—	72
Scharzfeld Bhf. — Einhornhöhle	1½	—	25	67
— Lauterberg	5	1	15	59
— Rhumspringe	8	2	—	101
— Scharzfels Ruine	1	—	25	59
— Steinkirche	2	—	30	69
Scharzfels Ruine — Einhornhöhle	1½	—	25	67
— Lauterberg	5	1	15	59
— „ (Himmel)	6	2	—	62
— Scharzfeld Bhf.	1	—	15	59
— Zoll=Haltestelle	1	—	15	59
Sieber — Andreasberg	8½	2	30	96
— Hanskühnenburg	5	1	50	97
— Herzberg	8	2	—	97
— Lauterberg	9	2	30	95
Stöberhai — Lauterberg	7	2	—	78
— Oderhaus	5	1	15	83
— Ravenskopf	4½	1	—	83
— Wieda	4½	—	50	83
Wiesenbeekerteich — Ahrensberg	3	—	45	70
— Hohe Thür	1½	—	40	72
— Lauterberg	2	—	30	47
— Ravenskopf	4	1	15	72
Zoll=Haltestelle — Lauterberg	4	—	50	59
— „ (Philosophenweg)	4½	1	15	60
— Scharzfels Ruine	1	—	25	59

VI. Register.

Emil Freter, Leipzig.

Inseraten-Anhang.

AHN's Knaben-Pensionat und Schul-Sanatorium

(berechtigte lateinlose Realschule nebst Vorschulklasse)
zu **Bad Lauterberg a. H.** (Prov. Hannover).

Die prachtvolle, mittelhohe Gebirgslage des Ortes macht den Aufenthalt in der Anstalt besonders für schwächliche oder durch Krankheit in ihrer Entwickelung zurückgebliebene Knaben geeignet. Der Gesundheitszustand der Knaben wird auf das sorgfältigste überwacht und der günstige Einfluss des Klimas durch rationelle Pflege und sanitäre Einrichtungen aller Art unterstützt. **Die Zahl der internen Zöglinge ist auf 12 begrenzt.** Mit dem Internat verbunden ist eine 6klassige lateinlose Realschule mit 3stufiger Vorschulklasse, welche seit 3 Jahren ein nach allen Anforderungen der Hygiene eingerichtetes, mit geräumiger Turnhalle versehenes neues Schulgebäude besitzt. Durch die beschränkte Zahl der Schüler wird eine eingehendere Berücksichtigung des Einzelnen, sowie gleichmässigere Förderung aller Schüler als in grossen Anstalten möglich. Auf Wunsch wird fakult. Unterricht im Lateinischen und Griechischen erteilt. Im Sommer ist Gelegenheit zu Bädern jeder Art geboten; im Winter werden in der Anstalt selbst warme Bäder verabfolgt. Prospekte mit Referenzen von Professoren der medizin. Fakultät zu Göttingen und Leipzig, von Aerzten, Schuldirektoren und Eltern früherer und jetziger Zöglinge durch den Dirigenten

Dr. F. H. Ahn, Realgymnasial-Oberlehrer a. D.

Königshütte bei Lauterberg a. Harz

(besteht seit 1739)

empfiehlt den geehrten Kurgästen und Touristen die Besichtigung ihres

reichhaltigen Lagers von Kunstgusswaaren,

aus nützlichen Sachen, sowie Luxus-Gegenständen der verschiedensten Art in geschmack-
voller Ausführung bestehend

(Staffeleien — Etagèren — Wandteller — Blumentische —
Blumentopfständer — Schreibutensilien — Toilettenspiegel —
Leuchter — Feuerzeuge — Garderobehalter etc. etc.).

Das Verkaufslokal

ist von Morgens 7 bis Abends 7 Uhr, bei vorheriger Anmeldung auch Sonntags, geöffnet.

Hôtel Langrehr. I. Ranges. (F. Langrehr.)

Besitzer

Das Hôtel in schönster Lage inmitten des Kurparks und der Promenade gelegen, mit herrlicher Aussicht auf das Gebirge.

Das Hôtel ist comfortabel eingerichtet, verbunden mit Restaurant und umgeben von grossen Veranden und Balkons.

Seines altbekannten Rufes und seiner reellen mässigen Preise wegen besonders empfehlenswerth.

Omnibus zu jedem Zuge am Bahnhof.

Bad Lauterberg a. Harz.

HOTEL ZUR KRONE.

100 Betten!   100 Betten!

Erstes und grösstes Hôtel am Platze.

mit dependance.

Besitzer **W. HAHN.**

Neu und comfortabel eingerichtet.

Mässige Preise.

Villa HAHN.

Mässige Preise.

Mässige Preise.

Table d'hôte 1 Uhr, à la carte zu jeder Tageszeit.

Equipagen im Hause, Omnibus am Bahnhof.

Bad Lauterberg am Harz.

Hôtel Schützenhaus

und

WEINHANDLUNG.

Originelle Weinstube.

Weine vom Fass,

à Schoppen (¼ L.) 30 ₰ und 40 ₰ (roth und weiss).

ff. Geyerbräu und Münchener Pschorrbräu.

Table d'hôte 1 Uhr,

à Couvert *M.* 1,75,

im Abonnement *M.* 1,50.

à la carte zu jeder Tageszeit.

Volle Pension Mk. 4,50—5,00 pro Tag.

Gute Betten.

Restaurant I. Ranges.

Specialität: **Fische, Geflügel.**

Meine langjährige Thätigkeit in der **Weinbranche** setzt mich in den Stand, in Weinen ganz Vorzügliches zu den billigsten Engros - Preisen bieten zu können.

Hochachtungsvoll

C. Ruthenberg.

Hôtel und Pensions-Haus
zum
Wiesenbeeker Teich.

(Bad Lauterberg a. Harz.)

Besitzer: H. Neye.

Höchst malerische Lage am 28 Morgen grossen Gebirgs-See.

Inmitten herrlicher Buchen- und Fichten-Wälder.

350 Meter überm Meeresspiegel.

Zum Befahren des Sees stehen jederzeit Gondeln
zur Verfügung.

36 Fremdenzimmer mit vorzüglichen Betten.

Pensionspreis *M* 5,—.

Keine Kurtaxe.   **Post und Fuhrwerk im Hause.**

Bad Lauterberg

ist in 30 Minuten auf gut gepflegten Wegen durch schönsten
Buchen- und Fichten-Wald bequem zu erreichen.

Bad Lauterberg a. Harz.

Kohlmann's Hôtel
zum

Felsenkeller.

Unmittelbar an der Station Kurpark gelegen,
in schönster Lage am Waldesabhange, oberhalb des
Oderflusses.

Zum Wohnen vorzüglich geeignet.

Table d'hôte 1 Uhr, à la carte zu jeder Tageszeit.

Gute Weine.

Franciscaner Bräu von Sedlmayr, München,
und **hiesige Biere.**

Bad Lauterberg a. H.

Pensions-Haus Mummenthey

an der Promenade, unter den Linden belegen,

empfiehlt sich dem **reisenden Publikum,** sowie den Kurgästen Lauterberg's aufs angelegentlichste.

Preise der Zimmer mit und ohne Pension, je nach Lage derselben, schon von Mk. 3,50 an.

Mittagstisch 1 Uhr, à Person Mk. 1,35, ohne Weinzwang.

Restaurant und Café

zur

Burg Hausberg.

421 Meter über dem Meeresspiegel.

In 20 Minuten von Bad Lauterberg a. H.
auf schattigen Wegen des schönsten
Buchenwalds zu erreichen.

Herrliche Rundsicht

vom neuerbauten Aussichtsthurm.

Dunkle und helle Biere.

Weine.

Kaffee, kalte Speisen etc.

W. Lange.

Bad Sachsa.

"Glanzpunkt des Süd-Harzes."

Hôtel Schützenhaus.

Aug. Frind.

Aeltestes Hotel. Herrlichste Lage.

Pension in und ausser dem Hause.

Table d'hôte von 12 bis 3½ Uhr Mittags.

Geschirr im Hause.

Auskunft über Privatwohnungen wird gern ertheilt.

Kuhrmann & Eppler

Harzer Möbelfabrik
St. Andreasberg.

Fabrikation aller Arten Möbel.

Specialcataloge auf Wunsch franco gegen franco
zu Diensten.